FACE AU
MONDE D'APRÈS

FACE AU
MONDE D'APRÈS

Par
Jean-David Haddad
et
la Génération Z

JDH Éditions
Les Pros de l'Éco
Documents et révélations

Dans la collection Les Pros de l'Éco

L'économie ? Rien de plus simple !
Avec Jean-David Haddad

Devenez Trader Pro ! Avec Benoist Rousseau

Je monte ma SCI ! Avec Christelle Poussier

Créez et développez votre start-up, avec Julie Charrier

Les 12 commandements d'une senior-entrepreneuse,
par Nathalie Philippe

Tout le monde peut s'enrichir en bourse,
avec Jean-David Haddad

2021, Prémices de l'effondrement, par Thomas Andrieu

Retrouvez tous ces auteurs régulièrement sur :

www.lesprosdeleco.com

À mon fils…

AVERTISSEMENTS

Cet essai contient des éléments de prospective sociale et économique, qui sont le fruit des analyses de l'auteur et ne peuvent en aucun cas être interprétés comme des certitudes quant à un avenir qui reste à écrire et qui peut être modifié par moult éléments dont nous ignorons forcément l'existence à l'instant t.

Le raisonnement déroulé dans cet ouvrage est fait « *toutes choses égales par ailleurs* », comme disent les économistes. C'est-à-dire avec les éléments dont dispose l'auteur au moment de la rédaction, effectuée en mai et juin 2020.

L'objectif de cet essai est de fournir au lecteur des pistes de réflexion sur le monde d'après-Covid, et non des conseils absolus.

La vision de l'auteur sur la décennie 2020-2030, qui est l'objet de cet essai, est complétée en fin d'ouvrage par des visions de jeunes, issus de la génération Z, à savoir la génération des natifs du 21ème siècle.

Ce livre comporte des **QR codes,** qui renvoient vers des articles et interviews données sur le site « Les Pros de l'Éco » (www.lesprosdeleco.com), site qui appuie la collection de livres dans laquelle est publié le présent essai.

MODE D'EMPLOI DES QR CODES

Pour lire un QR CODE, vous devrez vous munir de votre smartphone/tablette et procéder ainsi :

1 - Lancer l'application photos

2 - Placez l'objectif de l'appareil en face du QR CODE à scanner

3 - Patientez 2 à 3 secondes sans appuyer sur le bouton obturateur

4 - À ce moment-là, soit la page demandée s'affiche directement (smartphones très récents), soit une notification s'affiche en haut de l'écran, et il suffit alors de cliquer sur celle-ci pour afficher le contenu du QR CODE. Si aucune notification ne s'affiche, téléchargez une application pour QR CODES. Cela prendra quelques secondes. Utilisez-la pour lire les QR CODES.

AVANT-PROPOS

Juin 2020.

Le monde d'après, il a déjà commencé.

On nous en a parlé pendant les deux mois de confinement. Le monde d'après, qui devait être si différent du monde d'avant.

Mais nos premiers pas dans le monde d'après montrent un monde pas si différent de celui que nous connaissions…

Et c'est normal, car la crise sanitaire n'aura fait qu'amplifier certaines tendances déjà observables précédemment. Le monde d'après ne sera que la suite logique du monde d'avant, avec néanmoins quelques ruptures. Car la crise est venue bouleverser le monde d'avant par de nouvelles habitudes de vie et de travail, qui viendront se greffer aux tendances antérieures.

Après chaque évènement important et bouleversant de l'histoire, il y a un monde d'après. On nous avait parlé d'un monde d'après pour les attentats du 11 septembre, d'un monde d'après pour la crise de 2008… Et maintenant d'un monde d'après pour la crise sanitaire. Un monde qui durera plusieurs années… Jusqu'à la prochaine crise mondiale majeure. Qu'elle soit sanitaire, financière, écologique, etc. Notre monde d'après qui commence en juin 2020 sera alors devenu le monde d'avant…

À chaque passage d'un monde d'avant à un monde d'après, il y a quelques ruptures et de lourdes accentuations. Ce sont ces ruptures et ces accentuations sociales, économiques, politiques, que nous allons explorer dans ces pages. Avant de nous demander comment s'y adapter.

INTRODUCTION AU MONDE D'APRÈS

Pied de nez de l'histoire, ou sujet de délectation pour les amateurs de théories cycliques, c'est un siècle après la fin de la pandémie de grippe espagnole qu'a commencé celle du coronavirus, dit aussi Covid-19 !

De la grippe espagnole au coronavirus

La grippe espagnole a fait entre 20 à 50 millions de morts selon l'Institut Pasteur, et peut-être jusqu'à 100 millions selon certaines réévaluations récentes. Pour une humanité qui comptait alors quelque 1.8 milliard d'âmes. Le fait de ne pas avoir de chiffre précis, montre à quel point cette pandémie avait été prise au sérieux ! Il faut dire qu'au sortir de la grande guerre, les gens avaient d'autres préoccupations ! Si on retient les chiffres de l'Institut Pasteur, ce virus a donc provoqué un taux de mortalité de l'humanité de 1 à 2 %. Mais il faut dire qu'il n'y avait pas les chaines d'info en continu pour opérer le sinistre décompte chaque jour !

Un siècle plus tard, le très sérieux Imperial College de Londres a expliqué au sujet du coronavirus que « *si aucune action n'était entreprise contre l'épidémie, on pourrait s'attendre à environ 510 000 morts en Grande-Bretagne sur une population de 66 millions de personnes, et 2,2 millions aux États-Unis sur 330 millions.* » Cela ferait respectivement 0.77 % et 0.67 % de morts. Il s'agit de pays plutôt bien équipés sur le plan sanitaire, même si les faits actuels montrent que leur capacité est nettement inférieure à des pays asiatiques ou scandinaves. On peut extrapoler, à l'échelle mondiale, en étant pessimistes, un taux de mortalité maximum de 0.8 %. Donc nettement inférieur à celui de la grippe espagnole.

Adam Smith (1723-1790) est célèbre pour sa métaphore de la main invisible selon laquelle chaque individu poursuivant son propre intérêt, agit sans le vouloir pour le bénéfice de tous, comme si une "main invisible" guidait son comportement de façon à accroître l'intérêt général. Ce mécanisme est régulièrement invoqué par les économistes libéraux pour justifier le « laisser-faire » et une intervention de l'État réduite au minimum dans l'économie.

On peut constater que la grippe espagnole a été arrêtée en quelque sorte par une main invisible, que les états ont laissé faire, alors que pour le coronavirus, un siècle après, ces mêmes états se sont lancés dans les politiques les plus interventionnistes de l'histoire contemporaine : confinement obligatoire, fermeture des commerces, des restaurants, des spectacles, contrôle des populations, et ne parlons pas des mesures économiques, des plans de relance à coups de milliards, plans mondiaux pour certains, nationaux pour d'autres...

Que s'est-il donc passé en un siècle ? Pourquoi a-t-on basculé d'un extrême à l'autre ?

Une société radicalement différente...

En un siècle, la société a évolué. Les mentalités ont radicalement changé, la vie humaine n'a plus le même prix qu'il y a un siècle : aujourd'hui, dans les représentations sociales, c'est-à-dire les manières de percevoir collectivement quelque chose, la vie d'un être humain est devenue sacrée. Du moins dans notre culture occidentale. Ce qui n'était pas le cas il y a un siècle.

On peut relier cela au fait qu'il n'y ait pas eu de guerres sur nos territoires depuis près de 80 ans. Ainsi, près de 90 % des Européens vivants n'ont pas connu la guerre.

On peut également expliquer ce phénomène par la croissance économique des trente glorieuses, qui a conduit à une hausse très forte du niveau de vie, à une baisse de la natalité et donc à un soin beaucoup plus attentif porté aux enfants. On fait moins d'enfants, l'enfant devient une denrée rare, donc précieuse... On investit beaucoup de temps, d'argent, d'énergie, d'affect, d'amour dans des vies humaines, bien plus qu'autrefois où les buts principaux de l'enfantement étaient de servir la Nation, de « prendre la relève », de travailler, etc.

Un autre phénomène concerne les croyances religieuses, qui, dans ces mêmes sociétés, se sont amenuisées : le mystique a moins de place, et la rationalité, corollaire de la science, a pris cette place occupée autrefois par la religion. Notre société a arbitré, peut-être trop vite, entre croyance et connaissance. On est passés en quelques décennies d'une croyance avec peu de connaissance à une vénération de la connaissance en abandonnant largement la croyance.

Ce phénomène s'observe surtout sur les cinq dernières décennies. Même aux États-Unis, où la religion reste bien plus prégnante qu'en France, le pourcentage des personnes sans religion a été multiplié par près de 5 sur les 50 dernières années :

L'irrésistible ascension des sans religion

Pourcentage d'Américains s'identifiant comme :

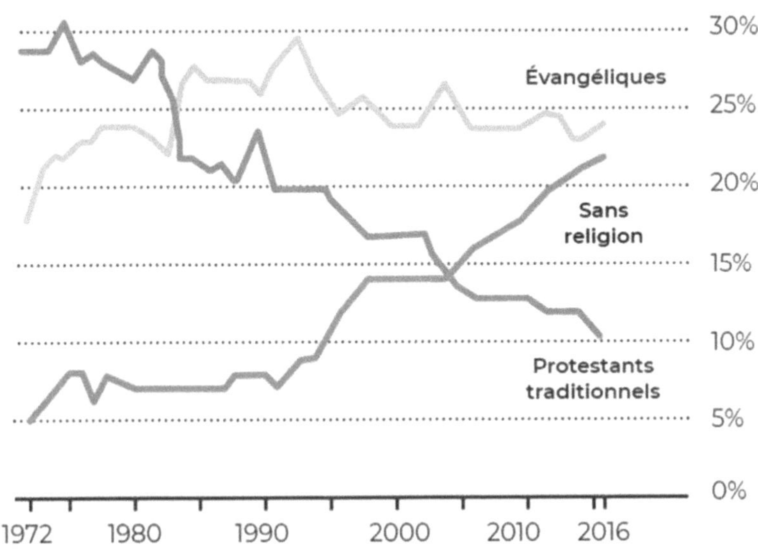

Source : General Social Survey

En France, si on prend le cas de la Bretagne, une région truffée d'églises, le nombre de prêtres a baissé de 77 % en 58 ans, passant de 5037 à 1168 entre 1961 et 2018.

Les religions transmettent à leurs fidèles la perspective d'une « après-vie », ce que la science n'est pas (encore ?) capable de faire. De ce fait, l'abandon de la croyance pour la connaissance, le règne de la science érigée en dogme, prive toute une partie de la population de croire en un au-delà. Le scientisme (philosophie selon laquelle la connaissance ne peut être atteinte que par la science) est devenu sous-jacent à nos représentations de la connaissance.

Une statistique pour le moins funeste concerne le taux de crémation, qui a littéralement explosé ces dernières années, passant de 12 % en 1996 à 36 % en 2017. La crémation est mal vue, voire interdite par les croyances religieuses mais prônée par l'écologie.

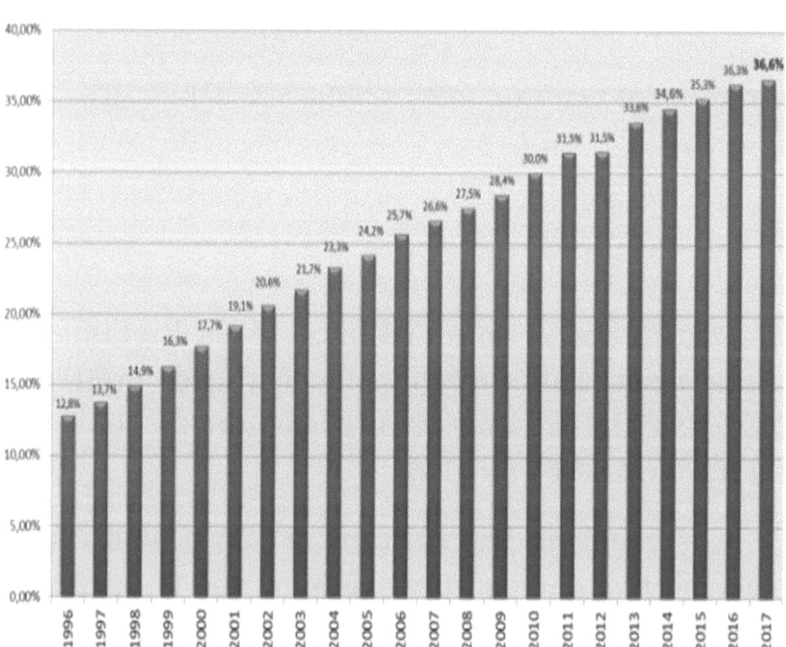

Source : OGF, 2017

On peut penser, en France surtout, que les citoyens qui se disent catholiques, adhèrent plus à un esprit de perpétuation des traditions (baptêmes, mariages, etc.) qu'à une réelle spiritualité. À l'occasion de la fête de la Toussaint 2019, l'IFOP a réalisé un sondage exclusif pour Atlantico, sur les croyances et les représentations de l'au-delà pour les Français. Il en ressort des chiffres surprenants : 14 % des Français -seulement- estiment que l'âme humaine est immortelle. Comme le conclut Atlantico : « *Nous avons donc bien la confirmation et l'amplification d'une croyance ou d'une représentation qui était déjà présente il y a vingt ans et qui se renforce ici : une majorité des Français estiment que la mort est finale* ».

Et le rapport à la crémation aurait tendance à illustrer cette représentation collective. Ce sont 63 % des Français qui y pensent selon un sondage IPSOS d'octobre 2018.

La vie à tout prix !

Cette représentation d'une mort qui met un point final à ce que nous sommes, à notre conscience, notre esprit, a généré au fil du temps une peur collective de la mort. Peur amplifiée par le fait que les générations qui peuplent les pays occidentaux n'ont pas connu de grande guerre, ni même de vraie guerre sur leur sol. Ce qui n'est pas le cas des pays du sud.

Notre seuil de peur, en particulier de la mort, est devenu de plus en plus bas. Il le devient d'autant plus que l'espérance de vie atteint désormais un plateau alors que depuis un siècle elle n'a fait que croître.

Cette peur collective est devenue telle que nos sociétés s'acharnent à garder en vie des personnes dans le coma depuis des années. L'euthanasie est interdite, parfois même après des supplications de la famille des personnes concernées. La peine de mort pour les pires meurtriers a été abolie il y a 40 ans. Même la vie de ces derniers doit être préservée. C'est la vie à tout prix ! Et cette vie, en Europe, en France surtout, se doit d'être protégée et garantie par l'État, selon la tradition fortement étatique, interventionniste et jacobine de notre pays.

L'Homme occidental contemporain ne veut plus penser sa mort, sa finitude, qui l'effraye. C'est donc une fois de plus « la vie à tout prix » ! Et, accessoirement, la quête d'une bonne santé afin de profiter à fond de la période que nous avons à vivre, la volonté de prolonger la vie le plus longtemps possible…

Voilà donc les nouvelles valeurs dominantes de nos sociétés. Ou du moins d'une partie de ces sociétés. Aux États-Unis, la donne est différente. On notera qu'en avril 2020, les états à dominante démocrate, avec une population plus laïque, ont pratiqué le confinement (Minesotta, Michigan, New-York, etc.) ; alors que les états à dominante républicaine, souvent plus ancrés dans le protestantisme, qu'il soit traditionnel ou évangélique, n'ont pas confiné et ont privilégié l'économie. Comme si le travail, la religion, l'économie étaient des valeurs passant au-dessus de « la vie à tout prix ».

Au Brésil, où seulement 8 % de la population se déclare sans croyance religieuse (source : brazil-selection.com), et où les croyances religieuses et ésotériques sont très répandues et multiples, allant du catholicisme au chamanisme, en passant par des religions afro-brésiliennes, le Président s'est formellement opposé à tout confinement, à tout arrêt de l'économie, comme s'il fallait se reposer sur la bonne étoile du pays, sur une croyance supérieure en la capacité à surmonter une épidémie, et non sur la science. Le rapport à la mort, le rapport à la vie, au corps, sont totalement différents dans un pays comme le Brésil, pays le plus violent du monde par le nombre d'homicides volontaires (plus de 60 000 par an), où existent des combats clandestins, parfois même mixtes ; il ne faut pas s'étonner que le rapport à une épidémie soit totalement différent.

Ainsi, pour en revenir à la France, la baisse des croyances religieuses, alliée à une croyance accrue en la science, en la conviction que l'Homme est plus fort que tout y compris la mort, ont engendré une fuite de la mort bien plus importante qu'il y a un siècle. Être en vie et accessoirement en bonne santé, a pris le pas sur d'autres valeurs, dominantes il y a un siècle, ou même un demi-siècle, et considérées comme ringardes ou passéistes aujourd'hui, au mieux secondaires : la loyauté, le courage, la force, la fidélité, l'honneur, le travail, l'amour de la Nation ou la maternité. Voire même la liberté. Des valeurs qui demeurent essentielles dans d'autres contrées.

Aujourd'hui, on interdit pour préserver la vie. On fait peur pour préserver la vie et la santé publique (citons en exemple les campagnes obligatoires montrant des atrocités sur les paquets de cigarettes). On confine pour préserver la santé publique et la vie. Sauver des vies, est le maitre mot. Le ministre de l'intérieur n'a cessé de le répéter. Qui pourrait s'y opposer sans être taxé d'ignoble criminel ?

La vie à tout prix et la santé publique avant tout : voici les valeurs qui guident les pas des pays riches ne connaissant ni la guerre ni la misère à grande échelle, et des sociétés occidentales les plus laïques dont la France est le porte-drapeau.

Du coup, pour être en bonne santé, la population accepte, dans un cas extrême comme la crise du coronavirus, d'être privée des libertés les plus élémentaires comme la liberté de déplacement ou celle de rassemblement. Et, si on prend le cas de la France, où règne la culture, que dis-je, le culte de l'État-Providence, la population n'a eu aucun mal à lui concéder sa liberté, pour être protégée. Les libertés publiques passent donc derrière la santé publique, et la liberté individuelle passe derrière la vie à tout prix. Il y a eu des grognements sur internet, des pamphlets, des articles, mais pas de soulèvement populaire face à un état d'urgence liberticide majoritairement adoubé. Liberticide, oui… Mais pour sauver des vies ! Le leitmotiv revient en boucle ! La vie avant la liberté !

C'est donc un phénomène de société, un changement de valeurs dominantes dans les représentations qui entraine aujourd'hui une chute vertigineuse du PIB mondial, cela étant particulièrement marqué en France.

On voit donc à travers cet exemple l'intime liaison qui s'est nouée au fil de temps, entre la sociologie et l'économie.

Un avant et un après...

On nous dit qu'il y avait un avant et qu'il y aura un après. On nous laisse entendre que cette année 2020 est l'année charnière qui changera la face du monde. Que rien ne sera jamais plus comme avant.

On nous parle du « monde d'après ».

Que sera donc ce monde d'après ?

Un monde transitoire de quelques mois, le temps que le monde d'avant soit rétabli à l'identique ? Ou bien un monde différent ? Est-ce que le printemps 2020 va, à l'instar du printemps 1968 par exemple, changer les valeurs, les représentations sociales, les normes sociales et économiques associées ?

Je pense pour ma part, avec l'humilité dont il faut faire preuve sur ce genre de questions, que le monde d'après va accentuer certaines tendances qui étaient déjà à l'œuvre et qu'on ne voyait pas forcément à l'œil nu. Il va concrétiser, sous prétexte de crise sanitaire, certaines aspirations des peuples, comme une certaine démondialisation qui ne pourra jamais être totale bien entendu... mais aussi, en contrepartie, une prégnance plus forte des gouvernements, des lobbies et des géants du net.

En 2020, il y a eu une rupture, mais aussi beaucoup d'éléments de continuité et d'amplification.

La population française, jusque-là, comptait sur l'État, que ce soit pour la redistribution, pour le maintien de l'ordre, pour la position de la France dans le monde, etc. En 2020, la population française s'est soumise à l'État, et bien volontairement. Certes, il y a eu des voix critiquant le confinement, le fait que l'on n'ait pas administré certains traitements que les pays pauvres, eux, ont administrés, avec un certain succès… Mais l'opinion publique, dans sa majorité a cautionné. Un cap a été passé, franchi… Le cap de la soumission. **Et ce qui est franchi une fois peut l'être plusieurs fois ; un plafond de verre a sauté.** Sans la moindre révolte. Au contraire. En effet, tous les sondages d'opinion réalisés par différents instituts en mars et avril 2020 ont montré que les français soutenaient majoritairement le confinement autoritaire décidé par le gouvernement français. Mais ce soutien est à mettre en corrélation avec une peur très majoritaire du virus, une sorte d'hypocondrie généralisée, liée aux phénomènes de représentation sociale évoqués plus haut. Ainsi, selon un sondage Elabe, réalisé le 8 avril 2020, soit un bon mois après la prise de conscience du phénomène virologique, et trois semaines après le début du confinement, 81 % des

Français se montraient très inquiets de la propagation du virus.

L'inquiétude collective, relayée en boucle par des compteurs de morts s'affichant au bas de l'écran télé, a sacrifié la liberté sur l'autel de la santé et la longévité.

En fait, 2020 a été le choc, mais ce qui est arrivé est le fruit d'une longue montée en puissance de l'info en continu, du besoin accru d'État-providence, du changement de valeurs évoqué ci-dessus et de nouvelles valeurs annexes comme l'écologisme ou la cause animale.

Comme nous le verrons tout au long de cet essai, 2020, année 0 de la contamination, est un prétexte ; 2020 sera pour les gouvernements et autres puissants de ce monde, un formidable alibi pour que se prolongent, se légitiment et s'amplifient avec fracas un certain nombre de tendances déjà observables depuis le début du siècle et même avant : la démondialisation, l'écologisme, le tracking, la valorisation de la cellule familiale comme formidable unité de consommation, l'explosion de la dette, l'affaiblissement de l'artisanat, l'ubérisation de l'emploi, etc.

Sur de nombreux plans, l'après sera le prolongement de l'avant. Justifié par la crise sanitaire et ses conséquences. La crise apparaitra, sur beaucoup de plans, comme une justification tombée du ciel, un beau prétexte de changements qui germaient et qui en quelque sorte n'osaient pas ou peu s'exprimer.

Chaque pays s'est servi du coronavirus pour affirmer sans tabous son ADN politique :

- Autoritarisme et dictature pour des pays asiatiques comme les Philippines, l'Indonésie ou même la Chine. Des pays qui n'ont pourtant pas dans leur culture la notion de « vie à tout prix » mais juste la notion de « contrôle des populations à tout prix »... Et qui ont profité d'une situation voulue par l'Histoire pour l'affirmer.

- Centralisme, contrôle étatique et infantilisation pour la France, qui a d'ailleurs profité de cette psychose sécuritaire et sanitaire pour glisser progressivement vers un gouvernement qui ne fait que consulter le Parlement, et gouverne par décrets, sous couvert d'état d'urgence, comme après les attentats de 2015.

- Responsabilisation de la population, appel à la discipline collective pour l'Allemagne, les Pays-Bas, la Suisse et dans une moindre mesure l'Angleterre où le confinement n'a jamais été autoritaire ni policier.

- Affirmation des sacro-saintes libertés individuelles et appel au sens de la discipline collective pour la Suède.

- Hétérogénéité du pays pour les États-Unis, avec un sentiment global de liberté économique avant tout, et de croyance en une bonne étoile : « *God bless the USA* ».

2020 aura donc été un formidable révélateur et aussi un accélérateur de tendances socio-politico-économiques.

Mais 2020 pourrait aussi être un point de rupture. L'inflation, qui avait refusé de pointer le bout de son nez, malgré toutes les injections de liquidités des banques centrales pourrait fort bien réapparaître massivement. La décroissance, que nous n'avons en fait jamais connue, pourrait s'installer dans le temps car les autorités politico-monétaires ont poussé à son paroxysme cette fois le fait de jouer aux apprentis sorciers. La démocratie telle que nous l'avons connue risque de prendre un nouveau tournant, avec des gouvernements plus autoritaires, un contrôle accru des populations, moins de mobilité internationale. De nouveaux blocs, de nouvelles alliances, de nouveaux modes de vie, pourraient émerger de cette crise. Et probablement des états bien plus autoritaires, avec moins de libertés individuelles.

Face à toutes ces mutations, il faudra s'adapter, tant professionnellement que financièrement, que géographiquement pour certains qui voudront changer de pays, tant que cela reste possible, car cela ne le sera peut-être pas éternellement. De nombreux patrimoines risquent d'être disloqués avec les mutations à venir. Il va falloir se réinventer à tous les niveaux…

Car ce qui se passe sous nos yeux en 2020 n'est pas une vue de l'esprit ou une variable que nous pouvons changer, c'est une donnée, une contrainte rigide d'un système d'équations très complexe à plusieurs inconnues.

Cet essai s'adresse à un public mondial, bien que son propos soit assez largement focalisé sur le cas de la France, où vit son auteur.

Je n'ai aucune boule de cristal et n'ai pas pratiqué l'art divinatoire. Je fais depuis vingt ans de la prospective. Je me définis comme économiste spécialisé en prospective, d'où les analyses que je fais régulièrement sur Francebourse.com et sur Lesprosdeleco.com. Conseiller des actions à des investisseurs individuels par voie médiatique, c'est essayer de prévoir, d'anticiper l'avenir.

Dans cet essai, je tenterai une esquisse du monde d'après Covid-19. Les prévisions se feront en observant les tendances, les points de rupture ;

elles se feront sur la base des cycles économiques, et la dynamique des sondages d'opinion sera un fil conducteur de l'évolution de mon propos, car rien ne se fait, rien ne peut se faire sans l'adhésion de l'opinion publique.

Imaginer l'après-Covid, c'est penser la décennie qui commence, car il est assez difficile d'aller faire de la prospective au-delà. L'exercice ressemblerait alors plus à de la science-fiction qu'à de l'anticipation socio-économique.

Bien sûr les prévisions se font « toutes choses égales par ailleurs », c'est-à-dire en prolongeant les tendances actuelles ancrées dans une réalité économique, sociétale et politique qu'on ne peut feindre d'ignorer. Donc sans intégrer d'éventuels évènements exogènes, actuellement imprévisibles. Ainsi, des prévisions faites en 2019 n'auraient pas pu, par exemple, intégrer le coronavirus.

La première partie de cet essai sera consacrée aux trajectoires probables vers lesquelles notre monde s'engage (toutes choses égales par ailleurs).

La deuxième partie de cet essai sera consacrée aux stratégies d'adaptation à ce monde, sur un plan patrimonial et financier, puis sur un plan professionnel et enfin sur un plan géographique.

Et enfin la troisième partie sera consacrée à des visions de jeunes, nés au 21ème siècle.

Quelques annexes concerneront la problématique de la dette souveraine, qui est l'épineux problème économique du monde.

PREMIÈRE PARTIE

CE QUI NOUS ATTEND...

OU

Les trajectoires probables vers
lesquelles notre monde s'engage

CHAPITRE 1

UNE DÉMONDIALISATION EN TROMPE-L'ŒIL

La mondialisation, depuis une bonne dizaine d'années, a été accusée de tous les maux. D'un côté par les altermondialistes d'extrême gauche, et de l'autre par les nationalistes, qui se définissent plutôt aujourd'hui comme « patriotes », le terme passant mieux... Les premiers l'accusent de détruire les emplois et d'exploiter capitalistiquement les peuples les plus vulnérables. Les seconds l'accusent d'amener des migrants de culture différente, qui ne s'intégreraient pas et se transformeraient en horribles délinquants. La France fut à deux doigts, en 2017, de devoir choisir entre nationalisme et extrême gauche au second tour de la présidentielle. Elle a finalement opté pour un président plutôt largement mondialiste ! Il était évident que quelque chose allait se passer... devait se passer...

Tout part d'une volonté des peuples...

Selon un sondage Odoxa-Comfluence d'avril 2020, une très large majorité de Français plébiscitent des mesures protectionnistes comme la relocalisation de la production industrielle et l'autonomie agricole du pays. Ainsi 92 % des Français souhaitent relocaliser nos productions industrielles, tandis que 93 % voudraient garantir l'autonomie agricole de la France. Des pourcentages, qui, non contents d'être majoritaires, sont écrasants.

On ne peut pas dire que le Président Macron, plutôt mondialiste dans son programme, son attitude et ses idées, a été élu en 2017 sur la base d'une forte adhésion de la population française à son programme, mais plutôt par défaut face à la peur de l'extrême droite. Rappelons qu'au soir du 7 mai 2017, Emmanuel Macron fut élu avec 66 % de voix des votants mais seulement 43 % des voix des inscrits. Son adversaire Marine Le Pen obtint 34 % des voix, au terme d'une campagne de second tour catastrophique, parvenant malgré cela, à quasiment doubler le score de son père quinze ans plus tôt.

Le programme de Marine Le Pen faisait la part belle à la relocalisation et la démondialisation. Une idée qui n'a fait que grignoter du terrain dans les esprits des Français au cours de ces vingt premières années du siècle.

La mondialisation, surtout depuis la crise de 2008, est accusée de tous les maux : le chômage, la pauvreté, la dilution de l'identité française, etc. Elle est associée, dans les représentations collectives, à l'immigration, à la finance tentaculaire, à l'accroissement des inégalités, à la perte de souveraineté.

En mars 2018 déjà, un sondage OpinionWay montrait que 60 % des Français avaient une mauvaise opinion de la mondialisation.

Et le phénomène n'est pas strictement français. Les Américains n'ont-ils pas élu en 2016 le Président Trump sur la base d'un discours anti-mondialisation teinté de slogans comme « *America First* » ou « *Make America Great Again* » ?

La crise mondiale de 2008, puis sa réplique européenne de 2011, ont clairement mis un premier coup de frein à la mondialisation. Du fait, déjà, d'une croissance économique qui n'a jamais réellement repris en Europe.

La démondialisation a déjà commencé

Le négoce international a atteint des sommets après la crise de 2011, mais n'a fait ensuite que régresser. Rappelons que le négoce international consiste en l'achat d'un bien par un résident de l'économie déclarante à un non-résident et sa revente ultérieure à un autre non-résident sans que le bien franchisse la frontière de l'économie déclarante. Par exemple, il s'agirait de l'achat par un français d'un bien en Allemagne pour le vendre en Chine sans que ce bien ne transite par la France.

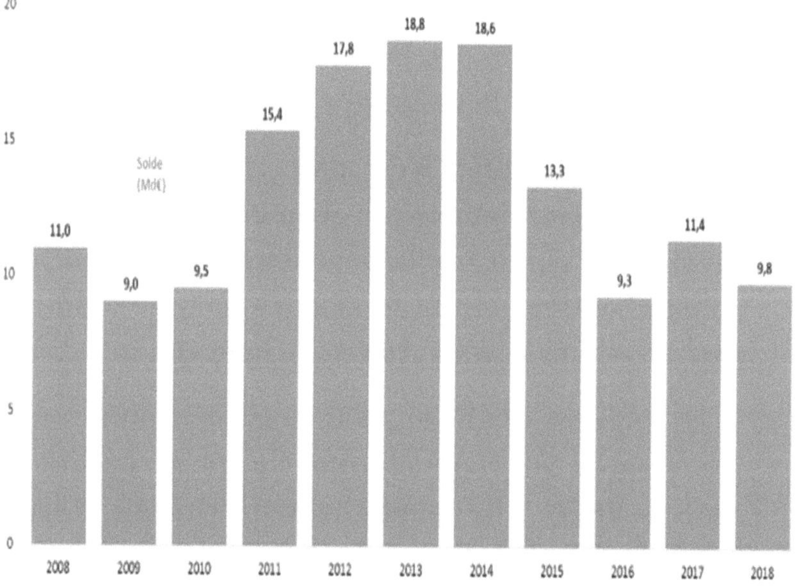

Source : Ministère de l'Économie et des finances, rapport sur le commerce extérieur, février 2019.

Les échanges de biens (exportations et importations), quant à eux, ont augmenté de 2005 à

2008, puis, après une forte chute en 2009, ont retrouvé en deux ans leur niveau d'avant-crise mais ont ensuite stagné jusqu'en 2016 avant d'entamer une remontée entre 2016 et 2018, à un rythme moins soutenu qu'avant 2009. Sur le graphique suivant, la courbe du haut représente les importations et celle du bas les exportations, d'ailleurs toujours inférieures aux importations, ce qui constitue aussi un souci pour une partie de l'opinion publique

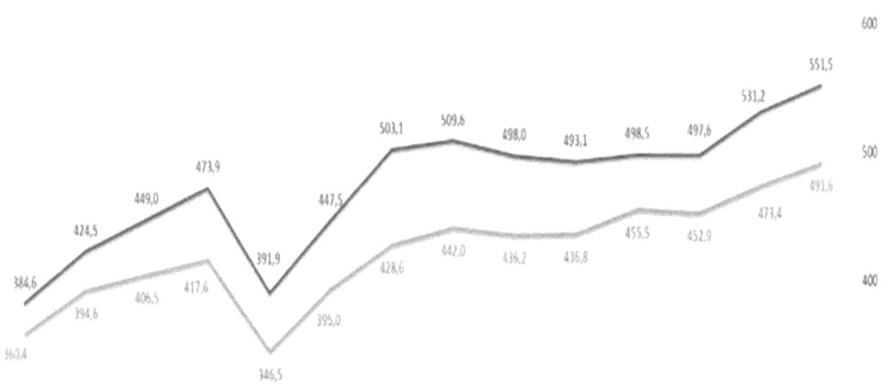

Commerce extérieur depuis 2005. Source : Ministère de l'Économie et des finances, rapport sur le commerce extérieur, février 2019.

Jusque-là, on a assisté à un coup de frein mais pas à un coup d'arrêt. D'ailleurs la mondialisation s'est clairement exprimée avec la prise de participation du géant chinois DongFeng dans

Peugeot en 2014. Depuis 2014, Peugeot est devenu économiquement un constructeur automobile franco-chinois.

La Chine a constitué ces dernières années un partenaire privilégié de la France tandis qu'elle se livrait à une guerre économique avec les États-Unis, allié historique de la France. Et alors que la France et les États-Unis s'éloignaient.

La crise des gilets jaunes, en France, lors de l'hiver 2018-2019, a mis en exergue une volonté de souveraineté d'un peuple, souvent apolitique, qui se sentait perdu dans la mondialisation.

Le Brexit, voté le 23 juin 2016, a marqué la volonté de souveraineté du Royaume-Uni, dont le peuple se sentait perdu dans une Europe de plus en plus large, de plus en plus mondialisée.

Le commerce mondial, ramené en pourcentage du PIB mondial a nettement montré une diminution. Il a atteint un sommet en 2008 puis en 2011-2012, avant d'entamer une lente mais certaine décrue.

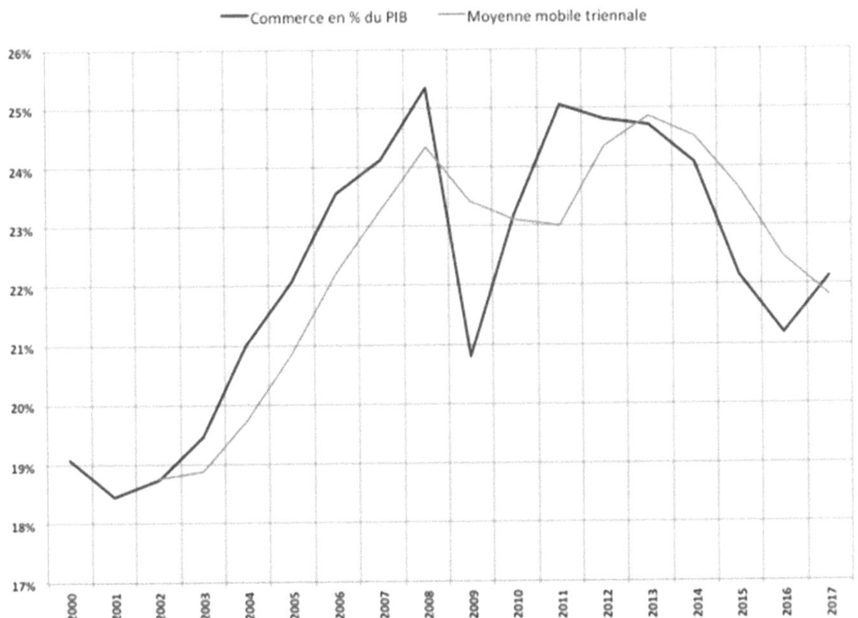

Source : FMI, adapté par Ruptures-presse.fr, article du 5 décembre 2019.

Les échanges commerciaux entre pays avaient donc commencé à chuter bien avant la contamination. Mais pas les délocalisations. Au contraire. Si on prend par exemple le cas de l'automobile française, l'assemblage de voitures en France a diminué de moitié entre 2004 et 2020, passant de 3.4 millions d'unités à 1.7 million d'unités.

Combien de start-up, dans le secteur informatique au sens large, font appel à des techniciens, des programmeurs ou même des ingénieurs en Inde, en Turquie ou dans les pays de l'Est de l'Europe ? Il n'y a pas de chiffres officiels, mais le phénomène est allé crescendo ces dernières années.

Or, la délocalisation de la production, impulsée par des différentiels énormes au niveau du coût de la main-d'œuvre, est, bien plus que le commerce international, responsable du chômage. Cependant, comment les entreprises peuvent-elles produire et vendre cette production à des prix compétitifs dans un pays où la main-d'œuvre est une des plus chères du monde ?

Le virus de la mondialisation : un bel alibi !

Le coronavirus a été nommé par beaucoup d'observateurs « virus de la mondialisation ». En effet, ce virus est né en Chine, à Wuhan, qui est un lieu clé d'implantation de multinationales étrangères comme General Motors, Honda ou Renault. Une ville qui a reçu plus de 20 milliards de dollars d'investissements étrangers ces dernières années. Une ville qui accueillait chaque année quatre milliards de passagers par train ou avion ! Soit quatre fois plus qu'en l'an 2000.

De nombreuses entreprises françaises, en raison de coûts de main-d'œuvre très élevés en France, ont délocalisé leur production en Chine, et en particulier à Wuhan. Cela a par exemple posé un véritable problème au niveau de l'approvisionnement en masques de protection. C'est le cas, citons-le, de la PME française Delta Plus Group qui fabrique de nombreux équipements de protection… dont des masques. Une partie du retard de la France en termes de disponibilité des masques au printemps 2020 s'est expliquée par le fait que la production soit localisée en Chine.

Le problème des masques de protection restera gravé comme un des principaux problèmes rencontrés par la France face à la pandémie. Et la mondialisation a été montrée du doigt… comble du cynisme politique (ou pas ?), par un Président de la République pro mondialisation !

Face à une opinion publique clairement remontée contre la mondialisation, la crise sera un bon prétexte à un gouvernement et un président plutôt mondialistes, et élus par défaut face à la peur de l'extrême droite, d'engager une politique de relocalisation massive. Dans un but électoraliste déjà, afin de couper l'herbe sous les pieds de l'extrême droite. Et sûrement aussi par peur d'une autre pandémie, de la part de ces nouvelles générations au pouvoir qui, de par leur propre peur, ne sauraient rassurer leur peuple.

L'heure de relocaliser !

Ainsi de nouveaux champions nationaux vont apparaitre ou réapparaitre, et la relocalisation sera un des leitmotivs de ces prochaines années, quel que soit le gouvernement en place. Car tous, de l'extrême gauche à l'extrême droite en passant par les verts, parlent de relocaliser. Nicolas Hulot par exemple, a lancé début mai 2020 tout un lot de propositions politiques dont, bien sûr, la relocalisation pour des causes écologiques !

Seulement, il est intéressant de constater que tous les leaders politiques sont ambigus sur un point : relocaliser en France ou en Europe ?

Ce n'est pas exactement la même problématique.

En effet, relocaliser en Europe exposerait à déporter le problème dans le temps au cas où l'Europe venait à s'effondrer. Ce qui n'est pas impossible comme nous l'aborderons plus loin.

Par ailleurs, comment faire face à l'épineux problème du coût du travail ? Ce dernier est très élevé en France. Il est d'ailleurs presqu'aussi élevé dans toute l'Europe, à quelques exceptions près comme l'Espagne et le Portugal.

Pays	coût horaire du travail (€)
ZONE EURO	31.8
France	37.7
Allemagne	37.13
Italie	28.26
Espagne	21.9
Portugal	13.1

Données 2019 – Recoupement de sources. Concerne l'industrie et les services marchands.

Ces deux pays pourraient absorber, grâce à leur modeste coût du travail, une partie de la relocalisation provenant d'Asie ou de pays comme la Turquie. Ainsi, l'explosion du chômage serait amortie dans ces deux pays, contrairement à l'Italie qui a un coût du travail proche de la moyenne européenne.

Mais une certaine partie de la relocalisation concernera aussi la France, bien entendu. C'est d'ailleurs ce que souhaite majoritairement le peuple, de plus en plus eurosceptique.

Or, en France, les charges sociales ne diminueront pas, et les impôts sur les sociétés non plus, compte tenu de la dette exorbitante de la France, du déficit qui va être atteint, et des plans de relance. Bien au contraire, une énième hausse de la CSG est plus que probable pour reporter dans le temps l'effondrement du système de protection sociale, dont le trou se sera creusé comme jamais avec cette crise sanitaire. Rappelons au passage que le déficit de la Sécurité Sociale, qui était minime à fin 2019, est passé à plus de 40 milliards d'euros en quelques mois !

Une seule solution, donc, pour que la relocalisation fonctionne : augmenter les prix de vente. Et voilà un premier facteur d'inflation à venir. Les Français vont s'y faire. « Vous ne voulez plus de la mondialisation ? Vous ne voulez plus qu'on vole vos emplois ? Payez plus cher, mais consommez français ! ». Cela pourrait être un futur slogan politique !

Le commerce mondial, le négoce international, ne retrouveront pas les taux de croissance d'antan. Il est même possible que les sommets atteints en 2018-2019 sur l'import-export, en 2013/2014 sur le négoce international, en 2008 sur la part du commerce international dans le PIB, restent des sommets historiques pour de nombreuses années. Et peut-être même pour l'ensemble des huit décennies restant à parcourir sur ce siècle.

Le commerce et la production : mirages souverainistes

Cependant, la relocalisation de la production, l'affirmation des souverainetés nationales, seront une sorte de trompe-l'œil, un mirage souverainiste, car la mondialisation des discours, des idées, et des doctrines, va quant à elle se poursuivre par le biais d'institutions supranationales craintes et respectées comme le FMI ou l'OMS. Et ne parlons pas de l'ONU ! Ou du G7 ! Ou de l'OTAN, organisme moins présent sur la scène internationale depuis quelques années, mais toujours d'une grande activité. D'ailleurs, durant la crise du coronavirus, l'OMS a été une boussole permanente pour les scientifiques, les dirigeants et les médias. Pourtant, le président de l'OMS, du moins celui en place au moment où sont écrites ces lignes, n'est même pas médecin ! Le « gouvernement mondial » qui ne dira jamais son nom, va continuer subrepticement à se mettre en place en dépit des souverainismes visibles à l'œil nu. Les dirigeants des grandes puissances, malgré les tensions qui s'installeront entre certains, continueront, par le biais de ces institutions, à former une sorte de cartel. Le G7, le G20, seront toujours aussi actifs !

Les marchés financiers seront plus que jamais les carrefours du financement des états car la crise économique qui commence en 2020 ira de mal en pis, et que le financement passe obligatoirement par les marchés internationaux de capitaux. Aussi bien le financement des états par le biais des obligations, que celui des grandes entreprises, par le biais des actions et des obligations, convertibles ou pas. Cela sera d'autant plus vrai qu'en période de crise les banques réduisent le financement.

Les institutions internationales technocratiques comme le FMI ou la BCE seront les nobles chevaliers venant à la rescousse des états les plus faibles et des défaillants. Ce qui renforcera le pouvoir de ces institutions. Les liens entre états seront assurément moins commerciaux, éventuellement moins productifs, mais probablement encore plus financiers.

Il y aura des pouvoirs nationalistes ici et là, des souverainetés qui vont s'affirmer, mais dans un monde à deux vitesses, avec des nationalismes de façade mais, en toile de fond, toujours plus de pouvoirs des institutions internationales.

Cela dit, le monde n'est pas à l'abri d'un pouvoir nationaliste extrême, ici ou là, qui décrète ne plus devoir rembourser ses dettes et coupe toute relation avec les autres pays et avec ces institutions. La France ne pourrait se permettre cela, faisant partie des membres permanents du Conseil de Sécurité de l'ONU. Quitte, le cas échéant, à perdre cette place. Ce qui est très peu probable. Il y a plus de chances que cela se produise avec l'Italie par exemple.

Et l'Europe ?

Le commerce intra-européen sera préservé et privilégié aussi longtemps que possible, car la plupart des dirigeants de la zone Euro n'ont aucun intérêt à ce que l'Europe s'effondre, avec tous les risques que cela comporterait… Mais combien de temps tiendra l'Europe, qui ne s'est pas montrée capable de mettre en place ne serait-ce qu'une coordination des politiques sanitaires ? Et qui ne s'est pas montrée capable non plus de s'indigner devant un chef de gouvernement, en Hongrie, qui a quasiment pris les pleins pouvoirs en s'appuyant sur l'armée pour contrôler la population !

L'avenir de l'Europe politique et économique, au cours de la décennie qui s'amorce est une des grandes inconnues ; sa survie pourrait être menacée en cas d'avènement de plusieurs pouvoirs populistes et nationalistes, surtout dans les pays stratégiques comme la France et l'Allemagne. Un avènement qui n'est pas à exclure si la paupérisation induite par cette crise venait à mettre des millions de gens supplémentaires sous le seuil de pauvreté. Le pacte de stabilité a déjà été suspendu par la commission européenne et la crise liée au Covid-19 a renforcé les dissensions déjà vives entre les pays d'Europe du Nord (Allemagne en tête) et du Sud (Italie en tête). Début mai 2020, la Cour constitutionnelle allemande a rendu un jugement sévère demandant à la BCE de justifier son programme de rachat d'actifs. La BCE a répliqué en expliquant être sous la juridiction de la Cour de Justice européenne. Ces tensions se reflètent dans l'écart de taux entre les emprunts d'État allemands et italiens qui se sont creusés davantage.

Cela dit, dans un dernier élan de survie, et pour éviter son agonie, puis sa mort, l'Europe pourrait se lancer à fonds perdu dans ce que l'Allemagne a toujours refusé : la mutualisation des dettes souveraines. Dont le corollaire serait une harmonisation des politiques budgétaires et une perte partielle de souveraineté des différents États membres. Cette possibilité ne tiendrait pas dans le temps, car elle pourrait précipiter l'arrivée de plusieurs pouvoirs nationalistes.

Tant que l'Europe tient debout, il ne devrait pas y avoir de changements radicaux sur le plan des transports intra-européens, ni sur la porosité des frontières, une fois les différents confinements nationaux définitivement levés.

Les transports en question

En revanche, les transports internationaux risquent quant à eux de ne plus reprendre au même rythme que celui qui fut le leur. Et les frontières risquent d'être plus hermétiques. En avril 2020, Air France estime qu'il n'y aura pas de retour à la normale avant deux ans. Sur le plan économique, beaucoup de compagnies aériennes ne résisteront pas à ce choc. Un grand mouvement de concentration aura lieu sur le secteur, tandis que celles qui survivent devront augmenter leurs prix. D'autant plus que l'hiver, des mesures de distanciation peuvent devenir obligatoires, contraignant ainsi de facto les compagnies aériennes à revoir leurs tarifs. Les vols d'affaires pourraient aussi se réduire du fait déjà des relocalisations, mais aussi de la hausse des tarifs. Il ne serait pas étonnant que les vols d'affaires privés soient préférés, à des niveaux importants de prix, pour des grandes entreprises.

Le transport aérien risque ainsi, dans les années qui viennent, de ne plus être aussi partagé par toutes les couches sociales. On risque de revenir à un transport aérien moins démocratique, qui exclurait de fait les classes populaires et les populations aux revenus les plus modestes. L'inégalité devant le voyage, qui préexistait déjà, risque de s'amplifier.

Moins de vols mondiaux, moins de voyages de longue distance d'une façon générale. Cela irait dans le sens de préoccupations écologistes.

CHAPITRE 2

L'ÉCOLOGIE, OMNIPRÉSENTE ET PUNITIVE

On est loin de l'écologisme embryonnaire et idyllique, parfois fantaisiste, et très largement moqué des années 80 ! De plus en plus, il se met en place un écologisme dogmatique et confiscatoire. L'écologie devient une doctrine. Mais cette évolution n'est pas mondiale, elle concerne tout particulièrement l'Europe et en particulier l'hexagone.

Le climat : un alibi fiscal de choix !

Les enjeux écologiques occupent une place centrale dans le débat public. Une fois de plus, les politiques menées et l'opinion publique vont de pair. Mais ne sont-ce pas les discours politiques relayés par les médias qui fabriquent l'opinion collective ? Vaste débat des sociologues !

Au cours de l'été 2019, a eu lieu une vive polémique entre le président français et son homologue brésilien au sujet des incendies en

Amazonie. Au point que la France a, un court instant, envisagé une intervention d'une force armée internationale pour aller combattre ces incendies, contre la volonté du Brésil, principal pays concerné ! Le président brésilien, Jair Bolsonaro, était alors allé chercher le soutien de son homologue américain Donald Trump, classé comme climatosceptique et majoritairement rejeté voire détesté en France, en partie pour cette raison.

Selon une enquête Harris Interactive réalisée pour M6 et RTL en septembre 2019, suite à la polémique entre la France et le Brésil au sujet des incendies en Amazonie, 72 % des Français indiquent avoir accru leur intérêt pour ces enjeux écologiques au cours des derniers mois, une prise de conscience particulièrement forte parmi les plus jeunes générations (89 % chez les 18-24 ans, 80 % chez les 25-34 ans). Avec de tels scores, un jeune n'a aujourd'hui plus le droit de se montrer légèrement climatosceptique sans être stigmatisé. La pensée écolo est en train de s'imposer, d'être érigée en dogme.

Cette même étude montrait que 35 % de français étaient prêts à ne plus prendre l'avion, et 53 % à ne plus prendre leur voiture individuelle. On dit le français très attaché à sa voiture et pourtant plus d'un français sur deux serait prêt à ne plus l'utiliser pour une raison écologique ! Quant aux réfractaires au tri des déchets, ils sont extrêmement minoritaires. Du moins dans les sondages d'opinion, car dans la réalité, on observe encore dans les rues de nos villes, de nombreuses poubelles où les déchets ne sont pas séparés.

L'affaire du coronavirus a pour sa part permis de mettre en évidence l'image d'un monde peu pollué.

Tout le monde garde en mémoire le retour des dauphins dans les mers turques, ainsi que ces images de l'Agence Spatiale Européenne qui montre la pollution sur une carte de France avant et pendant le confinement :

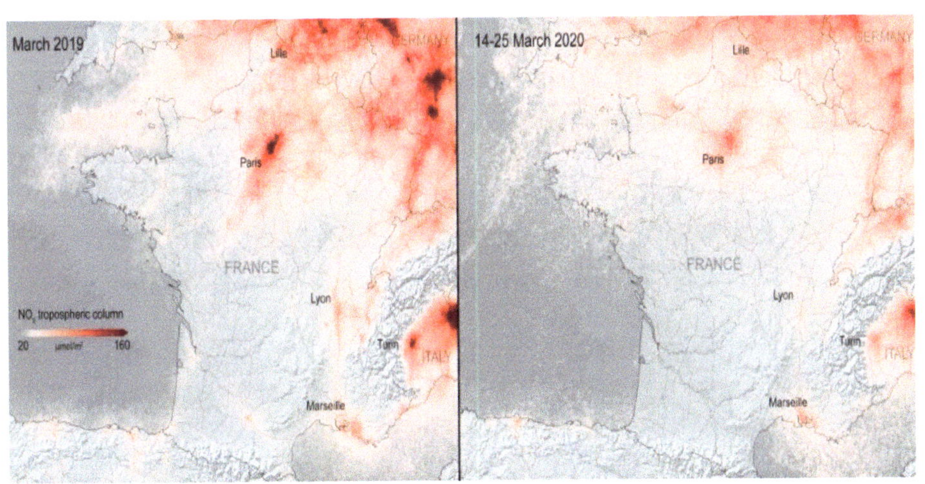

Ces dernières années, des réglementations de plus en plus contraignantes se sont imposées. La liste est longue, très longue, mais on peut penser à l'interdiction des ampoules à incandescence en Allemagne, aux journées de circulation alternée dans les capitales européennes, au tabassage fiscal des véhicules diesel, et bientôt à leur interdiction à Paris (rappelons qu'ils y seront interdits en 2024 alors que pour les véhicules à essence, ce sera en 2030).

On notera d'ailleurs que l'écologie confiscatoire, celle qui a consisté à faire exploser les taxes et impôts sous prétexte d'écologie, s'est mise en place après la crise de 2008, comme pour faire entrer plus d'argent dans les caisses d'un état de plus en plus déficitaire. Un mouvement qui va se poursuivre de manière fort évidente. **La pilule de la taxe est plus facile à faire passer si la taxe est verte !**

Le graphique suivant montre la progression des taxes environnementales en France jusqu'en 2015. Elles ont continué d'augmenter par la suite, bien entendu.

En milliard d'euros

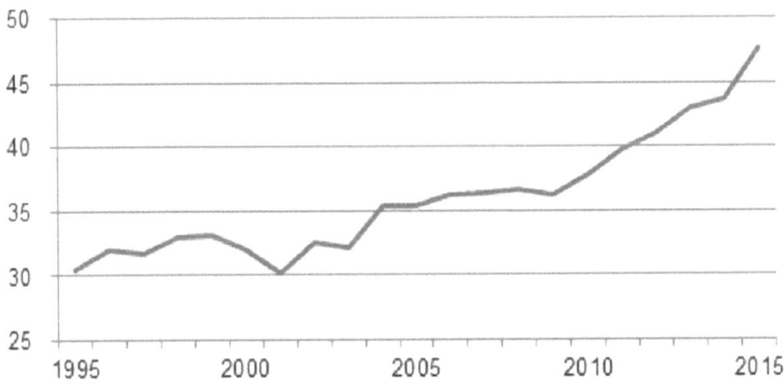

Note : données 2014 semi-définitives et données 2015 provisoires.
Champ : France.
Source : Insee, comptes nationaux (base 2010), National Tax List. Traitements : SOeS, 2016

L'écologie confiscatoire est là depuis un certain temps mais pas encore l'écologie punitive.

Ne pourrait-elle pas arriver ?

Vers une écologie punitive…

La crise sanitaire du printemps 2020 a permis aux gouvernements de s'imposer de manière autoritaire. Pour cause de santé publique, pour cause d'urgence sanitaire, plusieurs pays européens ont basculé dans l'autoritarisme politique, avec, rappelons-le, un fort soutien de l'opinion publique.

Vu que la trajectoire empruntée depuis une bonne dizaine d'années était celle de réglementations écologiques de plus en plus poussées, il est facile, désormais, d'imaginer que dans un futur proche, on interdira totalement de circuler en voiture lors des périodes de pics de pollution, à moins que ladite voiture soit électrique, et encore... Surtout dans les grandes villes, où sont déjà en place des constructions de milliers de pistes cyclables, venant rogner sur la route. On pense à Londres et Paris qui se sont lancés dans ce type de projet mais aussi à des villes secondaires comme Grenoble.

Il est facile également d'imaginer que sous prétexte de santé publique, le confinement, qui a été imposé, le soit à nouveau, sur des créneaux horaires, pour cause de pollution.

Il est facile d'imaginer que le tri des déchets soit obligatoire, et contrôlé par des caméras de surveillance à reconnaissance faciale placées dans les locaux à poubelles ou sur la voirie...

Il est facile d'aller encore plus loin et d'imaginer une police écologique !

Rien, dans l'opinion publique, ni dans la trajectoire prise par les gouvernements, ne laisse suggérer que cela soit impossible. N'oublions pas que le 4 mars 2020, la Commission européenne a annoncé sa volonté d'inscrire l'objectif de neutralité climatique à l'horizon 2050 dans la législation afin de rendre cet objectif contraignant pour tous. Le mot contraignant est fort et il peut laisser sous-entendre une contrainte policière voire militaire.

Mais les peurs sanitaires, à l'avenir, primeront quand même sur l'écologie. Or, ces peurs sanitaires remettent au goût du jour le désuet plastique, si peu écologique. On risque donc de compenser l'usage du plastique en forçant sur l'écologie. Vu qu'on va vouloir tout emballer, loi européenne à l'appui[1], et cela pour un certain temps, ce retour du plastique ne risque-t-il pas d'être compensé par des réglementations drastiques, afin de satisfaire l'opinion publique, façonnée en grande partie par l'État et les mass media ?

Imaginer tout cela n'a rien d'un scénario de roman de science-fiction. Du moins en Europe, car la donne est très différente sur le continent américain, que ce soit aux États-Unis ou en Amérique du Sud, un demi-continent pourtant très « vert ».

Ainsi, le plus écolo des hommes politiques américains, Al Gore, n'a jamais réussi à trouver sa

---

[1] la loi n° 2020-105 relative à la lutte contre le gaspillage et l'économie circulaire du 10 février 2020 a supprimé l'interdiction de la mise à disposition des boîtes, saladiers, pots à glace et plateaux-repas.

voie, même après être passé à deux doigts de la présidence en 2000. Au contraire, on peut avoir le sentiment d'une régression de la cause verte dans l'opinion publique américaine. Ce qui pourrait d'ailleurs, au cours de la présente décennie, accentuer le divorce entre l'Europe et les États-Unis. À moins que cela ne change, car les discours écolos sont tout de même plus présents qu'il y a trente ans aux États-Unis, mais uniquement dans le camp démocrate.

Les entreprises positionnées sur la valorisation et le traitement de tous les types de déchets, qu'ils soient d'origine industrielle ou issus des collectivités territoriales, ont clairement un bel avenir devant elles. En France mais aussi ailleurs. De telles entreprises vont probablement se développer.

De grands groupes plus flexibles que des entreprises partiellement issues d'une vague présence publique lointaine comme Véolia, vont émerger ; le secteur va se concentrer.

Montée du véganisme, un corollaire à l'écologie

De manière corollaire à la montée des écologismes, sont apparus les véganes au cours de la décennie écoulée. Les végétariens ont existé de tout temps, mais le véganisme va au-delà, et devient un mode de vie de plus en plus répandu. Encore très minoritaire, il est en forte croissance. Google a constaté que le terme « vegan » a été tapé cinq fois plus ces dix dernières années. L'institut d'étude Xerfi a estimé en 2018 à 380 millions d'euros le chiffre d'affaires lié aux ventes de produits vegan et végétariens en France, ce qui reste encore dix fois inférieur au chiffre d'affaires du bio, qui lui est devenu très répandu dans la population. En Suisse, l'institut de sondage DemoSCOPE a estimé en 2019 que 6 % des personnes âgées de 15 à 34 ans étaient vegan.

De ce fait, certains métiers comme celui de boucher se raréfient. En dix ans, plus de 10 000 boucheries ont disparu en Belgique. De plus, ce sont des métiers de plus en plus stigmatisés. Les militants véganes ayant parfois des comportements violents, plusieurs boucheries ont été vandalisées en France ces dernières années.

Cette cause n'est pas encore majoritaire dans l'opinion publique française : 95 % des Français estiment que l'être humain n'est pas fait pour se nourrir exclusivement de produits végétaux (source Kantar Worldpanel, 2017). Les Français sont cependant de plus en plus nombreux à estimer que moins de viande ne leur ferait pas de mal.

Autant il est facile d'imaginer que dans les années à venir, on nous impose des comportements écologiques de manière bien plus autoritaire que c'est le cas aujourd'hui, autant il est à ce jour illusoire d'imaginer qu'on nous interdise de manger plus d'une certaine quantité de viande par semaine ou par mois. La liberté d'être carnivore n'est pas encore menacée.

En revanche, la réduction de l'offre, les tribunes médiatiques relayées bien souvent par des propos médicaux, pourraient avoir raison, progressivement, et surtout au sein des jeunes générations, des comportements alimentaires majoritairement carnivores.

Tous cyclistes, végétariens, puis incinérés ?

On nous pousse vers l'écologie. En partie pour faire passer des taxes.

On nous pousse à ne pas utiliser sa voiture, afin de ne pas polluer. Mais vu que les transports en commun sont désormais reconnus comme des vecteurs de virus, ce qu'ils ont d'ailleurs toujours été, on va nous pousser vers l'utilisation du vélo. Ce qui était déjà le cas, mais va considérablement s'amplifier.

On nous pousse vers une moindre consommation de viande et de poisson.

On nous pousse vers la crémation plutôt que l'enterrement (voir introduction).

Qui est « on » ? Une fois de plus, il s'agit d'un mélange de regard d'autrui, de pression médiatique et subrepticement politique.

La préservation de l'environnement est-elle le vrai prétexte ou bien a-t-elle bon dos ?

Vu que notre pouvoir d'achat se restreint depuis la précédente crise, et qu'il va encore prendre un sérieux coup avec la crise qui arrive, ne peut-on pas imaginer que le fait de devenir cyclistes, végétariens puis de finir incinérés, soit moins coûteux et constitue donc un formidable atténuateur psychologique de la baisse du pouvoir d'achat ?

Dépenser moins c'est aussi ne pas réaliser la fonte du pouvoir d'achat. Et donc limiter les révoltes sociales inhérentes à toute crise économique comme celle qui arrive à grandes enjambées...

CHAPITRE 3

UNE TERRIBLE CRISE ÉCONOMICO-FINANCIÈRE

Autrefois, les différentes crises économiques qui arrivaient périodiquement étaient relativement indépendantes les unes des autres. Tel n'est plus le cas depuis que les états se financent sur les marchés financiers, car leur dette ne cesse d'augmenter et que chaque crise, désormais, prend ses sources dans la crise précédente. Tel est le sens de l'histoire économique du $21^{\text{ème}}$ siècle.

Une crise sur un terrain déjà très miné

La crise de 2008-2011, qu'on nous présentait à l'époque comme une crise équivalente à celle de 1929-1932, a finalement été très largement contenue, grâce aux fonds levés par les états sur les marchés obligataires. Et aux interventions des banques centrales pour acheter ces obligations émises par les états. Suite à cette crise, cependant, l'Europe n'a jamais retrouvé sa croissance d'avant 2008, mais les États-Unis ont en revanche vécu la plus longue période de croissance de leur histoire ! Les années 2010 auront été les « 10 nouvelles glorieuses »… Pour les USA !

Le fossé entre une Europe vieillissante et des États-Unis conservant toujours leur jeunesse, s'est largement creusé, comme on peut l'observer sur le parcours des indices boursiers respectifs de ces deux continents. La comparaison entre le Dow Jones (indice représentatif de la bourse américaine) et l'Eurostoxx (indice représentatif des bourses européennes) est éloquente et traduit le différentiel de croissance constaté entre Europe et États-Unis sur la précédente décennie.

Le parcours d'un indice boursier, sur le long terme, est représentatif de la santé économique d'un pays ou d'une zone économique. Entre le 1er mai 2010 et le 1er mai 2020, le graphique ci-dessus montre que le Dow Jones a gagné 118 % alors que l'Eurostoxx n'a gagné que… 5 % !

La crise actuelle, que l'on présente trop souvent dans les médias comme conjoncturelle, comme un épiphénomène consécutif au confinement, laissera des traces bien plus importantes que prévu. Y compris sur les indices boursiers. Surtout en Europe.

En effet, en Europe, et en France surtout, cette crise ne vient pas se greffer sur une économie saine. Mais sur une économie déjà surendettée.

Le taux d'endettement de la France n'a fait que croître d'année en année car le déficit (il y a plus d'argent sortant que d'argent entrant dans les caisses de l'État) est financé par la dette. Donc, plus on aligne des années déficitaires, plus on accumule de la dette. Le décollage de la dette dès la fin du siècle précédent est très net… Quel que fut le parti au pouvoir.

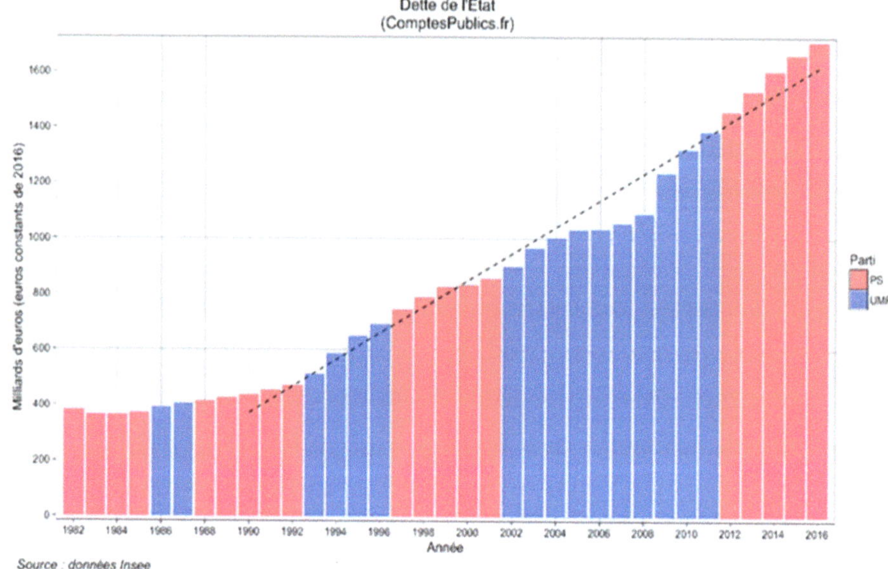

Source : données Insee

Mais le plus grave, ce n'est pas la dette en tant que telle. Après tout vous pouvez vous endetter si vous avez des revenus qui croissent vite et fort. Le plus grave, c'est d'avoir une dette qui croît quand les revenus ne suivent pas, car… cette dette, en théorie il faut bien la rembourser !

Or, les revenus de la France ne suivent pas ! Et l'indicateur le plus éloquent et le plus alarmant est le ratio Dette/PIB. Pour rappels, le PIB mesure la richesse produite par un pays chaque année et la croissance mesure la hausse du PIB en pourcentages. Le drame de ces dernières années, c'est que la dette a augmenté nettement plus vite que le PIB. Ainsi le ratio Dette/PIB n'a fait que croître pour atteindre les 100 % l'an dernier !

Dette au sens de Maastricht des administrations publiques en points de PIB (*)

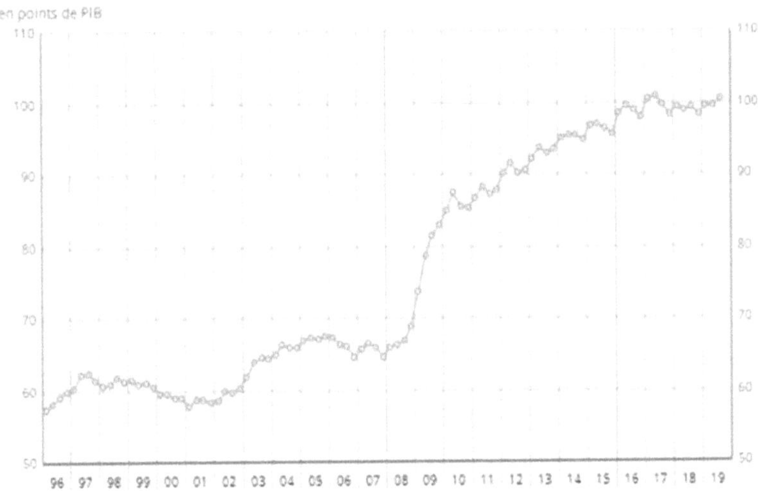

Source : Comptes nationaux base 2014 - Insee, DGFiP, Banque de France

Évidemment les gouvernements sont parfaitement au fait de ces difficultés. Et pourtant… Pour la première fois, la crise économique qui a débuté en mars 2020 n'aura pas été provoquée par un dysfonctionnement du système capitaliste ou par un quelconque excès des marchés, mais par des décisions autoritaires d'arrêter le fonctionnement économique, en fermant des commerces, en mettant 90 % du secteur de l'hôtellerie-restauration à l'arrêt, en fermant les frontières, etc.

Résultat : le PIB français va subir une très nette chute en 2020, de l'ordre de 8 à 10 %. Une dette qui augmente… Un PIB qui baisse… Résultat : le ratio Dette/PIB va exploser et aller sans sourciller vers les 120 % (le gouvernement français prévoit 115 % en avril 2020).

Si la hausse du ratio Dette/PIB a pu monter de la sorte ces dernières années, c'est en raison des taux d'intérêt très bas sur les emprunts d'État, voire parfois négatifs. Ainsi, si l'État emprunte 1 milliard avec un taux de 0 % il ne devra rembourser que 1 milliard. Si le taux d'intérêt est négatif, il devra rembourser moins que ce qu'il a emprunté. Si le taux est positif, il devra rembourser plus ce qu'il a emprunté. Pour rappel, un taux d'intérêt positif est la norme économique historique ! Ce n'est qu'au cours de la dernière décennie que ce changement de paradigme est apparu.

Les taux négatifs ou nuls sont maintenus par les banques centrales et par une certaine confiance envers les états émetteurs comme la France. Ceux qui achètent de la dette, qui deviennent créanciers de la France, font confiance au pays pour ses capacités à rembourser. Plus ils achètent des obligations souveraines, plus bas seront les taux. C'est mécanique. Si la France rassure autant, c'est parce que tout le monde connaît sa capacité à imposer une pression fiscale énorme sur ses citoyens. Mais quand ces derniers ne pourront plus assumer cette pression fiscale, cette confiance ne peut-elle pas s'inverser ?

Hélas oui...

Déflation, puis inflation, puis implosion

La récession actuelle va provoquer une déflation massive. Cela est logique : le pays ayant été mis à l'arrêt, il va y avoir de nombreuses faillites, donc moins de production et plus de chômage. Par conséquent, moins de revenus. Si on produit moins, et qu'il y a moins de demande du fait d'une baisse de revenus, il y aura moins de tensions sur les prix. Avec une baisse du pouvoir d'achat, les prix peuvent donc baisser. Cette récession déflationniste augmente donc considérablement le poids relatif des dettes dans l'économie comme indiqué plus haut. La déflation pousse également vers un regain d'intérêt immédiat pour l'épargne et la détention de devises (la déflation dévalorise les actifs et valorise la devise). Le taux d'épargne en France, avant la crise, était déjà anormalement élevé... La constitution d'une épargne étant une habitude profondément ancrée dans la société française, cette proportion du revenu qui est épargnée tourne autour de 14 % en 2018, alors qu'elle n'est que de 8 % aux États-Unis. Or, en France l'essentiel de l'épargne est orientée, non pas vers les actions (donc vers les entreprises) comme aux États-Unis, mais vers les obligations d'État, bien souvent sans que les ménages ne le sachent. Tel est le cas par exemple du livret A... Une épargne orientée vers la création de richesse aux États-Unis, et vers l'État en France... Voilà qui traduit bien la différence de culture !

Dans un premier temps, la crise sanitaire va donc provoquer une déflation. D'ailleurs les premiers chiffres montrent que les prix n'ont pas augmenté en mars 2020 en France et quasiment pas en avril de la même année. Malgré les tensions sur l'alimentation.

Mais... Attention ! Une inflation nulle avec un PIB en baisse, génère de facto une baisse de pouvoir d'achat, donc une paupérisation.

Une fois que la première partie de la crise sera derrière nous, disons début 2021, la déflation fera progressivement place à de l'inflation.

Pourquoi un si brutal changement de cap ?

- Car la croissance économique aura repris, avec une possible hausse du PIB de plus de 3 %

sur le premier trimestre 2021, mais en partant d'un niveau, fin 2020, inférieur de 10 % au niveau de fin 2019. Cela sous réserve qu'on ne reconfine pas sous prétexte de la résurgence du coronavirus ou autre nouveau virus !

- Car les mouvements de relocalisation dont il a été question dans le premier chapitre vont provoquer des hausses de prix.

- Car l'ensemble des plans de relance qui sont et seront mis en place sont par nature inflationnistes.

- Car les banques centrales, et surtout la BCE, auront injecté des sommes vertigineuses dans l'économie, qui viendront s'ajouter aux sommes déjà vertigineuses injectées au cours de la précédente décennie.

- Car l'inflation, qui sera alors voulue par les autorités monétaires, permet de faire augmenter le PIB, mais en trompe-l'œil, par un effet prix, et non par un effet richesse. Donc cela contiendra la hausse du ratio Dette/PIB.

- Cependant, cette inflation ne laissera pas insensibles les taux d'intérêt. Les taux directeurs seront obligés de suivre, et alors qu'il y aura une embellie économique, dont on ne peut prévoir la durée, viendra le temps de la hausse des taux sur les marchés obligataires. Donc le temps de la baisse du cours des obligations d'État.

Et c'est là que la deuxième partie de la crise sera devant nous.

Les états les plus endettés auront alors de plus en plus de mal à rembourser leur dette, et l'on ne sera alors pas à l'abri d'un krach obligataire et d'une flambée des taux des obligations. Tous les taux, aussi bien les taux de financement des états, que ceux des banques (actuellement négatifs), et donc forcément aussi ceux des particuliers et des entreprises. Les capacités de crédit des ménages se réduiront comme peau de chagrin ; idem pour les entreprises.

Il est difficile de prévoir exactement une temporalité mais on peut anticiper le graphique suivant concernant l'inflation et les taux obligataires, dans le cas de la France :

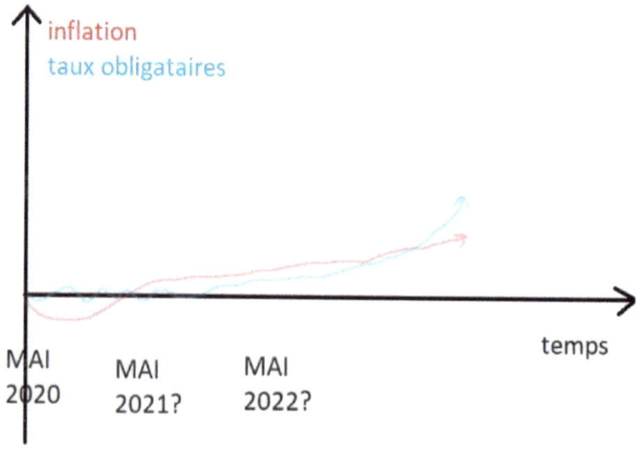

Les prix immobiliers, qui ont atteint des sommets, baisseront, mais dans une faible mesure, car la pierre fera office de valeur refuge dans une économie qui sera alors dominée par l'incertitude. Qui dit incertitude dit perte de confiance, et la perte de confiance dans les obligations d'état pourrait s'autoalimenter.

Voici un QR Code qui renvoie vers la vision d'un « économiste de banque », complémentaire à celle de l'auteur. Il s'agit de la vision d'Arno Fontaine, économiste chez Natixis, lors d'une interview pour « Les Pros de l'Eco », donnée le 20 mai 2020 :

Une perte de confiance aux effarantes conséquences...

Cette perte de confiance viendra en premier lieu des taux d'endettement ramenés aux PIB. Une dette qui monte au-dessus de 100 % du PIB finit forcément par inquiéter les marchés et avoir des répercussions sur les taux obligataires. C'est déjà ce qu'on constate avec l'Italie, dont la dette pourrait cette année dépasser 150 % du PIB, ce qui a déjà fait remonter les taux obligataires de ce pays, qui risque d'être bientôt "la nouvelle Grèce" de l'Europe. Les taux de l'emprunt à 10 ans italien sont, en mai 2020, autour de 2 %... Et ils ne s'envolent pas car ils sont retenus par les rachats de la BCE ! Rappelons qu'il y a encore 3 mois, ils se situaient à 0.85 %...

L'Italie aura de plus en plus de mal à lever des fonds sur les marchés obligataires. Seule la BCE l'aidera à « refourguer » ses obligations. Ni la Chine, ni les autres pays en capacité d'acheter de la dette, ni les grandes banques d'affaires américaines, n'achèteront cette dette. Et la France, dont la courbe d'endettement risque de suivre celle de l'Italie, finira petit à petit par rencontrer elle aussi ce type de difficultés. D'ores et déjà, une crise économique et sociale majeure s'annonce en Italie et on voit mal comment leur tissu productif pourra s'en sortir sans recourir au protectionnisme ou sortir de l'Euro.

À partir de là, du fait du risque d'insolvabilité des dettes de l'Italie d'abord, et probablement d'autres pays ensuite, la confiance envers les actifs publics s'effondrera. Dans ce cas de figure, et comme pour la Grèce en 2010-2011, la confiance de l'ensemble des agents envers les gouvernements s'étiolera.

Si cet étiolement coïncide, dans le cas de la France, avec la campagne présidentielle de 2022, il n'est aujourd'hui pas illusoire de penser qu'un pouvoir nationaliste-populiste ou populiste tout court, puisse émerger. Si cet étiolement advenait plus tard (2024 ? 2026 ?), cette échéance serait repoussée à 2027.

Dans tous les cas de figure, la crise des dettes, qu'a connue la Grèce en 2010, devrait frapper tôt ou tard aux portes de la France et de ses voisins du sud, à savoir ceux qui ont le plus pénalisé leur économie avec le coronavirus. Et qui auront fait exploser leur ratio Dette/PIB. Il est difficile d'envisager, en France, sur l'ensemble de la décennie à parcourir, l'économie d'un gouvernement populiste, d'extrême gauche ou d'extrême droite, et dans le cas d'un gouvernement d'extrême gauche, d'une forte teinture verte, pour mieux faire passer la pilule. Au pire en 2027.

Quant à la croissance qui aura été consécutive à la déflation, probablement en 2021, elle aura vite fait long feu. Si jamais elle est au rendez-vous ! Car encore une fois, un reconfinement n'est pas à exclure. Et si jamais elle est au rendez-vous, elle ne durera pas et n'atteindra probablement pas les 7 ou 8 % que l'on nous promet mais devrait se limiter à une fourchette de 2 à 4 % dans un premier temps puis vite s'estomper. Car la demande ne repartira pas, vu la baisse de pouvoir d'achat, vu le climat moribond qui régnera, les distances sociales auxquelles nous ne sommes pas habitués et qui ôteront tout plaisir de sortir, consommer, flâner, se rendre à des salons… Or, il ne peut pas y avoir de croissance durable sans véritable soutien de la demande.

Alors, le risque le plus probable sur les trimestres qui suivent la brève embellie éventuelle, sera celui de stagflation. C'est-à-dire une croissance économique nulle du fait du poids des dettes et du chômage, doublée d'une certaine inflation. C'est historique : quand une dette ne peut pas être payée, elle se corrige soit par l'inflation avec une devise moins chère, soit par le défaut de paiement. Le problème est que depuis plusieurs décennies personne ne veut faire défaut et personne ne veut utiliser des quantités de devises devenues trop importantes…

L'intrigue de la crise des dettes européennes sera sûrement étalée dans le temps. Mais l'éclatement de l'hyper-bulle actuelle (qui se manifeste par des taux autour de 0 %), n'est plus qu'une question d'une ou deux décennies, voire de seulement quelques dizaines de mois (dans le cas d'un ralentissement marqué sur certains territoires). À partir de 2021, le risque de crise des dettes publiques sera graduellement plus haut selon Thomas Andrieu, dans son livre « *2021, prémices de l'effondrement* ».

La faillite d'un état européen (l'Italie étant le plus mal placé), sans être probable, est possible. La faillite d'autres états du monde particulièrement endettés et en grande difficulté, comme l'Argentine, est possible.

Un état est un état, rien de plus : il peut faire faillite. Un état fait faillite, non pas de la même façon qu'une entreprise qui dépose son bilan, mais de la même façon que des milliers d'autres états, qui ont déjà fait faillite pour en laisser place à un autre.

Cette faillite est toujours financière : directement ou indirectement.

Directement, c'est la chute sous une pression fiscale délirante comme ce fut récemment le cas de la Grèce qui a failli "déposer le bilan". Indirectement, ce sont aussi les moyens qui manquent, pour la guerre, pour établir l'ordre, pour réaffirmer son monopole... Quand un état fait faillite et quand ses comptes sont dans le rouge, débutent les défauts de paiement : il devient quasi-impossible pour lui de s'endetter. Situation qui s'explique généralement par un manque d'investisseurs dont la confiance s'est dégradée. Personne ne viendra pourtant le saisir car il n'aurait pas tenu ses engagements. Quand un état promet remboursement, cela n'engage qui lui. Personne, ni aucun actif ne sont là pour garantir, cela dépend uniquement de sa solvabilité. Solvabilité qui, en périodes de surendettement est indéniablement réduite et proche de 0 %, dans le cas d'un remboursement total.

Même si aucun état de la zone Euro ne venait à faire faillite, les marchés, à un moment donné, se poseront la question. Quand ? Est-ce dès la fin 2020 ? En 2021 ? Plus tard ? Nul ne peut en prévoir la date, mais la question se posera, presqu'indubitablement.

Et cela contribuera à créer un krach obligataire. Il est très probable que le krach obligataire, quand il se produira, contaminera les actions. Car les détenteurs d'obligations les vendront à perte et auront besoin de dégager des liquidités. En vendant le reste de leurs actifs financiers. Mais une fois que les marchés boursiers auront fortement chuté, ils remonteront. Car les arbitrages se feront vers les actions, surtout celles des entreprises les plus fiables. Le sentiment de confiance se déportera des actifs publics vers les actifs privés. Et le remboursement des dettes souveraines devenant de plus en plus difficile, on peut imaginer une conférence internationale exceptionnelle entre chefs d'état et banquiers centraux... Mais arriver à ce stade de supposition consiste déjà à flirter avec la politique-fiction. Je n'irai donc pas plus loin sur ce terrain !

Le cycle du crédit : faillites et chômage de masse en vue

Le chômage, qui a été contenu ces dernières années, mais était depuis longtemps sur une pente ascendante, ne retrouvera probablement pas ses niveaux de 2019 avant un certain temps. Les faillites ne seront pas rattrapées par des créations d'entreprises, et les entreprises les plus faibles vont disparaître, d'autant plus que les banques, en période de perte de confiance, accordent bien plus difficilement des crédits. C'est ce que montre le cycle du crédit. Une baisse de la croissance entraîne un sentiment de peur collective dans le milieu bancaire, donc moins d'octrois de crédit. Qui dit moins de crédit, dit moins de capacités d'emprunt pour les ménages et les entreprises, provoquant une baisse de la consommation d'une part et de l'investissement d'autre part.

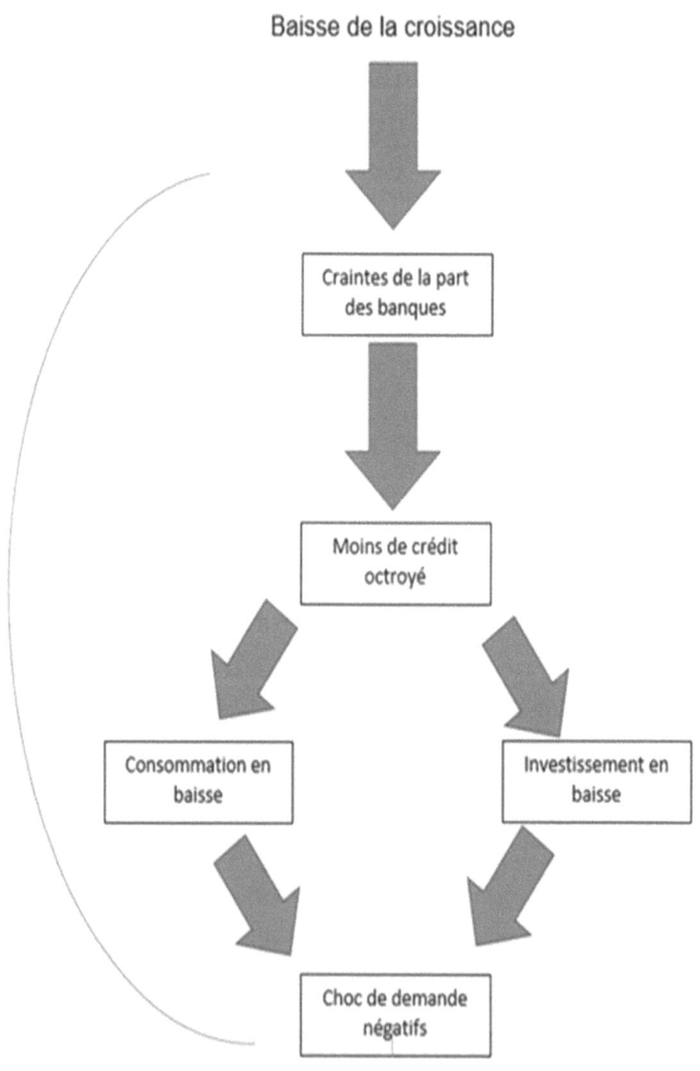

Un zoom sur la précédente crise se montre éloquent :

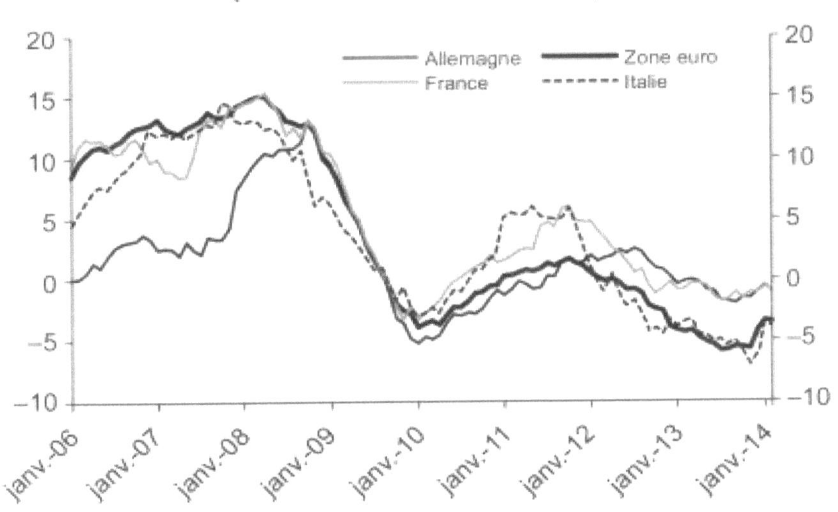

Source : BCE

Le taux de croissance des crédits accordés aux entreprises par les banques s'est littéralement effondré en 2009 et 2010, après le plus gros de la crise, car comme on dit : « la confiance part au galop et elle revient à pied ». D'ailleurs, sur les années qui suivirent, la défiance resta de mise et les crédits accordés ne retrouvèrent pas leur niveau d'avant-crise. L'ensemble de la Zone Euro réagit d'ailleurs de manière quasi-uniforme.

L'année 2020 ne sera pas l'année de l'effondrement du crédit. Le crédit ne se contracte jamais l'année de déclenchement d'une crise. Au contraire, les prêts garantis par l'État (PGE) viendront gonfler les statistiques pour 2020. Plus de 93 milliards d'euros de PGE ont été accordés à 500 000 entreprises, au 8 juin 2020. Un chiffre qui pourrait augmenter et dépasser les 100 milliards. Mais sur les années à venir, la donne sera toute autre, car l'État ne sera pas éternellement présent pour garantir les prêts. Et d'ailleurs, même avec la garantie de l'État, les entreprises les plus fragiles n'ont pas eu droit à ces prêts.

Ces prêts permettront à quelques PME bien gérées et imaginatives, de pouvoir grossir, créer de l'emploi, surtout avec des salariés, qui, au bord de la falaise du chômage de longue durée (celui qui désocialise… qui stigmatise…) seront moins exigeants… Mais pour une part importante de PME, ces prêts ne feront probablement que retarder un déclin inévitable, vu l'installation de la crise dans la durée. La BPI prévoit 10 % de défaillances. Le chiffre sera probablement plus élevé.

Ainsi, la montée du chômage ne se fera pas de manière exponentielle mais plutôt linéaire sur les trimestres à venir. Pendant ce temps, il est très probable que les nouvelles formes de travail qui se sont développées sur la précédente décennie prennent encore plus d'ampleur.

Poursuite de la paupérisation

On entend beaucoup parler de paupérisation à chaque crise. La paupérisation est l'appauvrissement relatif d'une classe sociale (comme la classe moyenne), un groupe social (par exemple les ouvriers, les fonctionnaires, etc.), voire un pays tout entier ou un ensemble de pays (par exemple la paupérisation de l'Occident). La notion de paupérisation renvoie à celle de pouvoir d'achat. Une société qui se paupérise est une société qui perd du pouvoir d'achat, donc de la capacité à acheter des biens et des services.

Toute crise génère la paupérisation des plus pauvres, et désormais des classes moyennes. Et la crise qui commence ne fera pas exception. Cela dit, ici encore, le mouvement a déjà commencé depuis un certain temps. Qui dit paupérisation dit mouvements sociaux. La France en est coutumière. Elle le sera encore et encore dans les mois et années à venir. Et qui dit mouvements sociaux, dit tensions sur les taux… Un pays calme rassure toujours plus qu'un pays agité.

Selon une étude réalisée par l'Observatoire français des conjonctures économiques (OFCE), publiée par l'Insee le 20 novembre 2018, le revenu disponible moyen annuel des ménages français a diminué de 440 euros entre 2008 et 2016. Un chiffre qui fait mal. Ce chiffre, exprimé en pourcentage, correspond à une baisse de 1,2 % en euros constants (ne tenant pas compte de l'inflation). À noter qu'une légère hausse de ce revenu a eu lieu en 2017, qui ne compense pas cette tendance. Pendant ce temps, les prix à la consommation ont augmenté chaque année. Une hausse très faible depuis 2009, mais des prix ayant tout de même augmenté. Sans compter la hausse des prix immobiliers qui ne sont pas comptabilisés dans l'inflation. Ainsi, le pouvoir d'achat des ménages français a bel et bien diminué sur la dernière décennie.

Pour formaliser la notion de pouvoir d'achat, on peut dire que c'est le revenu (R) divisé par les prix (P) :

$$PA = R / P.$$

Avec une inflation qui fera rapidement son apparition au cours des années à venir, et peut-être même des mois à venir, de manière bien plus marquée qu'au cours des dernières années, et des revenus en berne, le pouvoir d'achat des Français va accélérer sa décrue. Les classes moyennes (les personnes se situant au-dessus des 30 % les plus pauvres mais en dessous des 20 % les plus riches) sont en général particulièrement touchées dans ce genre de contexte. Mais la paupérisation pourrait cette fois déborder sur les classes moyennes supérieures, qu'on nomme communément les personnes « aisées ». Cette catégorie n'a pas de définition officielle mais par classe « aisée » on peut entendre les ménages ayant des revenus supérieurs à ceux de 80 % de la population, mais n'entrant pas dans les 10 % les plus riches.

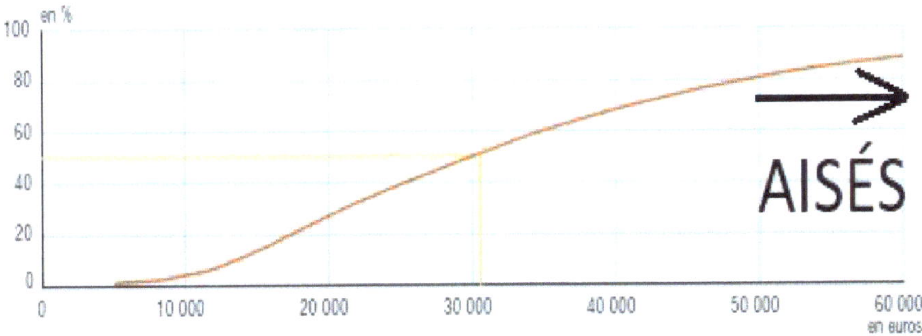

Champ : France métropolitaine, ménages dont le revenu déclaré au fisc est positif ou nul et dont la personne de référence n'est pas étudiante.
Lecture : en 2015, 50 % des ménages ont un revenu disponible annuel inférieur à 30 040 euros.
Sources : Insee-DGFiP-Cnaf-Cnav-CCMSA, enquête Revenus fiscaux et sociaux 2015.

Pour schématiser ce sont les ménages gagnant entre 50.000 et 60.000 euros par an. On peut étendre cette catégorie sociale jusqu'à 70-75.000 euros par an.

Ces ménages risquent d'être tout particulièrement touchés par la crise qui commence car la pression fiscale a de très grandes chances de s'alourdir pour eux. En effet, bien que le gouvernement tienne le discours selon lequel il n'y aura pas de hausses d'impôts, il est impossible d'envisager de tout financer par la dette, déjà excessivement lourde comme nous l'avons remarqué. Cette impossibilité sera d'autant plus vraie quand les taux obligataires remonteront. Par conséquent, c'est cette catégorie de ménages qui sera la plus visée. En effet, d'une part, les ménages gagnant entre 50.000 et 60.000 euros par an sont considérés comme « riches » par les 50 % de ménages gagnant moins de 30.000 euros. Les taxer davantage ne créera donc, socialement parlant, aucun sentiment de solidarité. D'autre part, contrairement aux 5 % les plus riches, leur mobilité géographique est moindre. Enfin, ces ménages ne sont pas ceux qui sont le plus enclins à manifester, ni agiter ou brandir les menaces de grèves. Ils seront une cible toute trouvée pour les dirigeants politiques.

Seulement, la plupart habitant les grandes villes ou les agglomérations, l'effet sur leurs finances personnelles pourrait bien s'avérer déflagrateur, compte-tenu des prix immobiliers dans ces agglomérations. Un mouvement massif de vente de biens immobiliers situés dans les centres des villes, afin d'aller retrouver la même surface en banlieue ou grande banlieue est fort probable. Ce qui pourrait provoquer, transitoirement du moins, une baisse des prix immobiliers dans les grandes villes et en particulier dans Paris. Tout particulièrement dans les arrondissements n'intéressant que très moyennement les investisseurs étrangers (12ème, 13ème, 14ème, 15ème, 17ème, 19ème, 20ème). Tandis qu'au contraire, les prix des grandes surfaces dans les banlieues ou grandes banlieues pourraient grimper ou au moins stagner. Quant aux prix des arrondissements parisiens les plus courus par les étrangers (ouest et centre), ils devraient continuer de faire office de placements refuges.

En résumé : un coma économique !

En résumé, la décennie qui arrive risque d'être une décennie de japonisation de l'Europe, de croissance nulle, avec des dettes en hausse. Une déflation et une impression de relance seront présentes dans les esprits et sur les marchés, juste après la crise sanitaire… Mais cela ne durera pas car les dettes souveraines deviendront vite insupportables, et que l'inflation, devenue inévitable, entraînera une hausse des taux, une défiance envers les obligations souveraines, un krach obligataire qui dans un premier temps entraînera un krach boursier, et dans un second temps, au contraire une nouvelle bulle boursière… Pendant ce temps, le chômage croîtra, la paupérisation s'accentuera, les nouvelles formes d'emploi prendront encore plus d'ampleur, avec une économie souterraine bien plus importante… Et forcément plus d'impôts. La question, à ce stade, à laquelle personne ne peut répondre, est de savoir si cet enchaînement se produira sur un temps dilaté (toute la décennie, voire au-delà) ou sur un temps rétracté (sur deux ans par exemple). L'expérience montre que les choses vont assez vite en général, mais les politiques monétaires peuvent étaler dans le temps la propagation du phénomène.

Le jubilé des dettes : la solution ?

Solennité publique célébrée autrefois tous les cinquante ans chez les Hébreux, le jubilé est, dans la religion catholique, une indulgence plénière accordée par le pape pour une année (année sainte).

Par extension, on parle de jubilé des dettes pour désigner tout simplement l'annulation des dettes ! Le jubilé des dettes c'est effacer les dettes, et repartir à zéro.

Jean-Luc Mélenchon en rêve. Il en a discouru à l'Assemblée nationale le 4 juin 2020.

L'administrateur de l'Assemblée nationale, Nicolas Dufrêne, plaide lui aussi pour un jubilé partiel de la dette souveraine, à savoir la partie de la dette détenue par le BCE :

Facile à dire, mais pas facile à mettre en place, car les budgets des banques et des états seraient totalement déséquilibrés d'un coup… Ce serait un séisme de grande ampleur, et un séisme de grande ampleur fait apparaître de nouveaux paysages !

Cependant, le jubilé des dettes risque d'être de plus en plus d'actualité dans les années à venir en raison de l'endettement dont il a été question précédemment, qui était déjà étouffant, et le deviendra encore plus après la crise du coronavirus.

En fait la procédure serait relativement simple. La banque centrale du pays étouffé rachèterait les dettes publiques (et éventuellement privées) du pays – en partie ou en totalité – et les annulerait en les passant aux comptes de pertes. Elle créerait de la monnaie pour cela. C'est une sorte d'augmentation de capital géante pour sauver un état. Seulement, la pression inflationniste serait énorme vu la création monétaire engagée, qui dépasserait l'entendement… et le pays en question aurait alors le plus grand mal à emprunter sur les marchés financiers : qui voudrait prêter à un pays non solvable dont la banque centrale a dû racheter les dettes ?

Dans la Zone Euro, la BCE serait aux commandes. Et devrait le faire, du coup, pour tous les états. Il faut savoir que l'endettement de la Zone Euro représentera après la crise environ 12.000 milliards !

On voit mal la BCE créer 12.000 milliards d'euros ; cela représente en effet 16 fois plus que les 750 milliards d'euros (somme déjà astronomique) que la BCE s'est engagée à créer et à apporter en aide aux pays de la Zone Euro. De plus, une telle création entrainerait une déflagration monétaire avec un euro qui s'effondrerait à 0.2 ou 0,30 $ à moins que les États-Unis et autres états en fassent autant…

En revanche, vu que la BCE détient 25 à 30 % de la dette de la France (nul ne sait exactement combien), et probablement autant pour les autres pays, on peut penser à un jubilé partiel qui consisterait tout simplement à annuler la dette détenue par les états membres. Ces derniers n'auraient à plus à la rembourser à la BCE. Ce qui allègerait cette dette et entraînerait une baisse du ratio Dette/PIB. Dans le cas de la France il passerait environ à 90 %, ce qui était son niveau de 2012, donc de la fin de la précédente crise. Ce serait reculer pour mieux sauter. Cela éclaircirait assez sensiblement la noirceur des perspectives envisagées dans ce chapitre et atténuerait les problèmes économiques envisagés. Cela dit, l'inflation serait bel et bien présente, la hausse des taux aussi, et le chômage également…

Bien que certaines dettes rachetées par les banques centrales soient déjà régulièrement annulées, l'idée d'un vrai jubilé massif des dettes reste encore du domaine de l'économie-fiction… Pour combien de temps ?

CHAPITRE 4

UBÉRISATION ET TÉLÉTRAVAIL

Ubérisation et télétravail font partie des nouvelles formes d'emploi évoquées au chapitre précédent.

De fortes tendances des « années 10 »

Avant l'an 0 de la contamination, deux grandes tendances émergeaient concernant les formes et l'organisation économique du travail : l'ubérisation et le télétravail. Ces deux modes de travail et d'organisation économique ont été impulsés par les nouvelles technologies d'une part et la grande crise économique de 2008-2011 d'autre part. Et n'ont fait que progresser au cours des « années 10 ».

Avec la récession qui commence, et les peurs sanitaires qui vont s'installer durablement, ces deux modèles vont non seulement poursuivre leur trajectoire mais l'accélérer.

Le télétravail, tout le monde arrive à le définir. Il s'agit de travailler pour son employeur, à distance, de chez soi. Il a été très largement encouragé, voire quasiment imposé par les gouvernements européens à chaque fois que cela était possible. Y compris dans l'enseignement, pourtant organisé depuis des siècles de manière très présentielle. Y compris aussi dans la médecine, avec les télé consultations.

L'ubérisation est plus complexe à définir et le grand public s'y perd. Le mot a été inventé par Maurice Lévy, ancien PDG de Publicis. Ubérisation vient de Uber, qui développe et exploite des plateformes mettant en relation des chauffeurs avec des usagers via leurs téléphones mobiles. Le mot est désormais étendu à l'ensemble de l'économie pour désigner un nouveau mode de commerce qui met en relation directement et quasi instantanément des clients et des prestataires fournisseurs de biens ou services, avec des prix en général plus bas que la moyenne du secteur concerné. L'ubérisation est la forme la plus répandue d'économie collaborative, dans laquelle les cartes des contours professionnels habituels sont complètement rebattues. L'économie collaborative redistribue les compétences de chacun dans l'économie. Dans la vision néoclassique, chacun se spécialise là où il a un avantage comparatif sur les autres, et cela est aussi valable pour les pays (théorie de David Ricardo)… Tout cela vole en éclats avec l'économie collaborative ! Aujourd'hui, tout le monde peut être hôtelier, grâce à des sites comme AirBnB ou Abritel. Aujourd'hui, tout le monde peut être producteur d'émission de télévision avec YouTube (même si les Youtubeurs qui arrivent à en vivre sont rares). Aujourd'hui tout le monde peut être éditeur avec l'autoédition. Aujourd'hui tout le monde peut être chauffeur avec bien entendu Uber, mais aussi Taxify ou d'autres. Contingente à l'ubérisation est la mise en relation de particuliers entre eux pour se rendre des services marchands : on pense bien sûr à Blablacar mais aussi aux plateformes de services à domicile, qu'il s'agisse de prestations de ménage, de garde d'enfants, de bricolage, plomberie, etc.

Ubérisation et télétravail peuvent être croisés quand il s'agit par exemple de rendre des services payants à distance comme le secrétariat, l'aide informatique, etc. D'où le fait que j'ai fait le choix de développer ces deux sujets dans le même chapitre.

Le télétravail a pris beaucoup d'ampleur ces dernières années, du fait de la fibre optique, de la démocratisation des visioconférences grâce à des outils comme Skype qui sont devenus communs et non plus réservés aux seuls milieux d'affaires.

À tel point qu'avant le confinement déjà, on parlait de « conf-call » pour désigner tout simplement un « coup de fil professionnel » !

Télétravail en France : un retard qui sera vite rattrapé

En février 2019, une enquête de Malakoff Médéric-Humanis, montrait que 29 % de l'effectif des entreprises de plus de dix salariés, soit 5,2 millions de personnes pratiquaient déjà partiellement le télétravail. En un an, ce chiffre avait grossi de 15 %. Cependant, cette pratique, plutôt appréciée des travailleurs, ne l'était pas forcément des employeurs, et particulièrement des TPE (moins de 10 salariés). Ainsi, selon le Ministère du travail en 2018, 61 % des salariés français souhaitaient la mise en place du télétravail dans leur entreprise. Un taux qui n'était, en 2017, donc quasiment à la même époque, que de 15 % en Allemagne et de 10 % au Brésil selon Morar Consulting. Car ces pays sont coutumiers du télétravail, contrairement à la France. Au Brésil, 80 % des travailleurs ont au moins occasionnellement exercé le télétravail. La France accusait donc jusque-là un net retard face aux autres pays. Avec le confinement, ce sont 40 % des salariés français qui ont pratiqué le télétravail de manière régulière. On sort donc de cette période avec une expérimentation grandeur réelle de cette forme de travail que repoussaient beaucoup d'entreprises. Entreprises qui ont, en urgence, équipé leurs salariés avec des logiciels et des ordinateurs adaptés à la situation. Mais, revers de la médaille, de nombreuses entreprises se sont engouffrées dans les règles d'assouplissement du temps de travail permises par les pouvoirs publics.

Dans le monde d'après, ce qui a été expérimenté et a fonctionné pourrait non pas devenir la norme, n'exagérons pas, mais au moins faire remonter la France dans les normes mondiales. Les PME, qui étaient les plus réticentes, vont y venir, d'autant plus que cela leur permettra d'économiser des frais de transport (carte orange en région parisienne, etc.). Pour les PME qui ne prennent pas ces frais en charge, mais les laissent au salarié, elles pourront négocier des salaires moindres. Sur les petits salaires, chaque euro économisé représente bien plus qu'un euro puisque le taux de charges sociales est progressif avec l'accroissement des salaires. Ainsi 1 200 € nets mensuels pour le salarié (soit le SMIC en arrondissant) coûtent 1 619 € à l'employeur (soit 1.35 fois le net) alors que 1 400 € nets coûtent à l'employeur 2 095 € (soit 1.50 fois le net). Autrement dit 200 € de salaire en moins permettent à l'entreprise d'économiser non pas 200 € mais 476 €. Dans une période où les entreprises vont réduire leurs profits, et où le chômage va fatalement augmenter, la réduction des salaires à l'embauche sera une évidence, et les leviers des pouvoirs publics pour augmenter le SMIC seront bien minces dans un contexte de décroissance. Le télétravail sera l'arme de négociation pour beaucoup d'entreprises. Qui, corrélativement, auront besoin de locaux moins vastes, et donc moins coûteux. Des économies non négligeables dans un environnement économique qui sera bien plus difficile.

Or, qui dit télétravail dit confinement à domicile, qui est, comme nous le verrons dans le chapitre suivant, pour les pouvoirs publics comme pour les entreprises institutionnelles, une excellente base de contrôle social.

Économie collaborative : toujours plus forte ; crise oblige...

Venons-en à l'ubérisation, qui est, comme indiqué plus haut, la partie la plus émergée de l'économie collaborative à tel point que les deux concepts finissent par être confondus. Si cette forme d'économie a autant émergé dans les années 2010, c'est bien sûr du fait des technologies, mais aussi du fait de la crise de 2008-2011. La paupérisation de la classe moyenne qu'a entraînée cette crise, a incité les citoyens lambda à trouver du travail par leurs propres moyens, et à vouloir payer moins cher les services qu'ils voulaient s'offrir. Un trajet en Blablacar entre Paris et le sud de la France coûte autour de 50 €, soit 2 à 5 fois moins cher qu'un billet de train. Un chauffeur Uber coûte encore moins cher qu'un taxi, malgré la hausse des tarifs de cette dernière plateforme.

Je ne souhaite pas relater des expériences personnelles dans cet essai, mais je peux néanmoins relater que de nombreux chauffeurs Uber m'ont indiqué qu'ils faisaient ce métier en complément d'un autre métier salarié.

La nouvelle crise qui commence va encore plus paupériser les classes moyennes. L'économie collaborative, qui prenait de l'ampleur d'année en année, va à présent exploser. Face à la montée du chômage qui s'annonce et qui n'est pas prête d'être endiguée, de multiples compétences vont se déclarer sur les plateformes collaboratives, de plus en plus nombreuses. Et loin des modèles 100% salariaux, les Français, comme les autres peuples, mais avec un peu plus de retard, recherchent l'indépendance, la liberté de travailler et de s'offrir des services entre eux.

La fin du CDI à vie

Le modèle de l'emploi classique, du CDI à vie, a du plomb dans l'aile, surtout avec des systèmes sociaux qui s'annoncent, après cette crise, de moins en moins protecteurs : âge de la retraite en hausse, remboursements des soins courants en baisse, allocations-chômage de plus en plus contrôlées... La mode sera aux emplois multiples, aux temps partiels complétés de « petits boulots » et d'ubérisation... Avec, pour certains, la perspective de gagner bien plus qu'en étant simple salarié.

Sur Amazon, taper « indépendance financière » dans la barre de recherche, fait apparaître des dizaines et des dizaines de livres, la plupart avec de bons, voire de très bons classements. C'est bien la preuve d'un intérêt très vif de la population pour ces sujets. Sans parler des traders pour compte propre, de plus en plus nombreux, à tout âge. Ayant édité le livre de Benoist Rousseau « Devenez trader pro », j'ai pu mesurer l'engouement énorme pour cet ouvrage auprès d'une classe d'âge plutôt jeune, technophile, pas forcément hyper-urbaine, loin du schéma traditionnel du cadre d'entreprise carriériste ou de trader employé par une banque.

Par ailleurs, qui dit économie collaborative dit économie souterraine car toute une partie des revenus générés par les services payants que se rendent entre eux les particuliers ne sont pas déclarés. C'est un véritable casse-tête pour l'État qui a plusieurs fois dû réglementer les locations d'appartement via AirBnB ou Abritel par exemple.

Un accroissement des activités non déclarées dans les années qui viennent, devrait accélérer le contrôle pratiqué par l'État sur les espèces en circulation par exemple. Rappelons qu'aujourd'hui, il est interdit de payer plus de 1 000 € en espèces en France. Un seuil qui n'a fait que baisser ces dernières années et pourrait encore baisser. D'autant plus que les particuliers, qui aimaient bien régler leurs courses quotidiennes en espèces, seront désormais saisis de la peur de la transmission virale par les pièces et billets. Ainsi leurs comportements pourraient changer durablement au profit de la carte sans contact, qui les effrayait. Et dont les plafonds ont été largement relevés.

CHAPITRE 5

TOUS TRAQUÉS ?
VERS LA DICTATURE 2.0

La crise du coronavirus a fait primer la santé publique sur les libertés individuelles, la science sur la philosophie… Le contrôle social en sort nettement renforcé. Les citoyens se dénoncent les uns les autres, et chacun ou presque finit par se sentir épié de ses voisins et de l'État. L'épiement est partout.

La technologie au service du contrôle des populations

Une application, pas (encore) obligatoire, au moment où sont écrites ces lignes, appelée « stopcovid » permet de traquer les individus via leur smartphone, mais sur base de volontariat. Force est de reconnaître que la France avance doucement sur ce point, et semble davantage préserver les libertés individuelles, à ce stade du moins, car d'autres pays n'ont pas forcément demandé le volontariat !

Chaque pays a fait preuve d'innovation en matière de tracking de ses citoyens !

La France et l'Allemagne ont recours aux applications basées sur le Bluetooth, inspirés par Singapour. Tracking le moins contraignant, du fait que le bluetooth peut facilement être désactivé. Plus contraignantes sont les applications basées sur le GPS. La géolocalisation permet de reconstituer à l'échelle d'une région ou d'une ville les déplacements de population, et sous prétexte d'identifier les zones à risque de contamination, elles permettent de connaître nos déplacements. La Chine, la Corée du Sud, Israël et bien d'autre pays ont ou ont eu recours à ce genre d'applications. Par exemple, LaTribune.fr du 9 avril 2020 explique que « *Certains pays, comme Taïwan et la Pologne, ont même imposé des dispositifs de géolocalisation aux personnes infectées, susceptibles de l'être ou revenant de l'étranger. Dans le cas précis de la Pologne, l'application envoie de manière aléatoire, plusieurs fois par jour, des SMS demandant aux utilisateurs de se géolocaliser grâce à un selfie. Sans réponse, la police polonaise se rend aux domiciles des personnes concernées.* »

Mais cela n'a rien de surprenant quand on sait que nous sommes traqués en permanence et depuis longtemps ! Là encore, le coronavirus ne fait qu'ouvrir au grand jour des portes déjà entrouvertes. En effet, les opérateurs télécoms disposent de très nombreuses informations concernant nos déplacements, ainsi que Google, Facebook, etc. Dont nous acceptons régulièrement géolocalisation en adhérant aux conditions que nous validons sur nos smartphones. En France, la CNIL est censée protéger la vie privée, et faire appliquer cette protection, mais la CNIL est une autorité administrative indépendante. Autrement dit, bien qu'indépendante, elle est liée à l'État français. Qu'adviendrait-il de cette indépendance si l'État décidait de demander aux opérateurs télécoms par exemple, des données précises sur les déplacements de tel ou tel individu ? Ce qui est facilement imaginable dans le cas où la raison suprême évoquée en introduction venait à être évoquée : « sauver des vies ! ». Ainsi, selon un sondage BVA de début avril 2020, pas moins de 75 % des Français accepteraient, au cas où ils étaient contaminés, que soient utilisées leurs données individuelles de géolocalisation afin de retrouver les personnes avec qui ils ont été en contact.

Cette crise du coronavirus a donné le prétexte à certains pays d'aller plus loin dans le contrôle des populations. En effet, même si toute la population était géolocalisée, il serait possible pour les réfractaires d'y échapper en se séparant de leurs smartphones. Tout simplement. Après tout, personne ne possédait un smartphone il y a un quart de siècle. En revanche, la technologie actuelle permet d'instaurer un vrai contrôle des populations, même pour ceux prêts à sacrifier leurs smartphones.

Ainsi, la Chine et la Russie utilisent les équipements de vidéosurveillance et de reconnaissance faciale placés dans les espaces publics afin de déterminer qui est où. Mais il ne faut pas penser que la France n'y viendra pas ! La ville de Cannes envisage d'équiper ses bus de caméras de vidéosurveillance afin de pouvoir identifier les passagers ne portant pas de masques de protection.

Dans un avenir proche, il n'est pas illusoire de penser que ces dispositifs de contrôle des populations se généralisent un peu partout dans le monde, et qu'en France ils puissent servir par exemple la cause écologique ou celle d'une prochaine épidémie, y compris d'ailleurs les épidémies de grippe hivernale.

La peur des pandémies, désormais installée dans la conscience collective, deviendra un fait de société. Ainsi, des dispositifs se généraliseront et entreront dans les mœurs, à n'en pas douter. La police a largement été sollicitée au cours de la crise du Covid-19, et le sera davantage au fil du temps. De nombreux abus ont été dénoncés et de multiples plaintes relatées. L'état d'urgence autorise la police à entrer dans les habitations privées sans mandat afin de vérifier si les règles édictées par le gouvernement sont observées. Et si la demain police ne suffisait pas, on ferait appel à des citoyens assermentés. Toujours sous prétexte de santé publique. Le fait qu'un gardien de paix sache qu'un citoyen lambda soit ou pas atteint de telle ou telle pathologie, fait de facto voler en éclats le sacro-saint secret médical. Mais le secret médical n'a-t-il pas déjà depuis longtemps du plomb dans l'aile quand nous devons être soumis à des questionnaires de santé de plus en plus rigoureux, voire à une batterie d'examens médicaux afin de pouvoir contracter une assurance adossée obligatoirement à un crédit bancaire ?

Les drones ont également été mis à contribution dans le cas de la pandémie de Covid-19. À travers la France entière, des drones ont été déployés pour contrôler l'application du confinement, intimider en diffusant des messages par haut-parleur, et surveiller d'une manière générale la population. Ils ont aussi servi à orienter les patrouilles au sol.

Mais la France n'est pas le pays où l'utilisation des drones a été la plus massive. En Italie, des drones munis de capteurs de température se sont approchés des personnes non confinées afin de les intimider d'une part, et de vérifier si elles étaient fiévreuses d'autre part. Si tel était le cas, des brigades policières ne manquaient pas d'intervenir.

Drones, caméras de surveillance, géolocalisation... Dans les pays qui ont pratiqué le confinement autoritaire, les autorités publiques ont ainsi pu à la fois tester en grandeur nature leur arsenal technologique dernier cri à l'occasion de la crise du Covid-19, et en profiter pour banaliser, opinion publique favorable à l'appui (rappelons-le), l'utilisation d'outils de surveillance largement attentatoires à nos libertés.

Dans la plupart des pays, le cadre juridique est resté flou, ou même parfois inexistant. Mais l'état de surprise de la population a été un formidable alibi pour que les états puissent imposer le contrôle de la population et en mesurer la résistance ou l'abdication.

Le monde anglo-saxon a été épargné d'un contrôle social formel aussi poussé, puisque le confinement n'a pas été imposé autoritairement mais fortement recommandé en Grande-Bretagne, et que le cas des États-Unis est très hétérogène. Cependant, un tel arsenal de contrôle n'a pas été mis en place.

Le contrôle policier par les technologies et par les humains en relais des technologies, qui a été mis en place en 2020, aurait pu relever d'un roman ou un film de science-fiction quelques mois plus tôt ! Et tout cet épiement a été mis en place, rappelons-le, avec la bénédiction de l'opinion publique. Du moins d'une majorité de cette opinion.

Pourquoi s'arrêter en si bon chemin ?

Il serait naïf de penser que le cap qui a été franchi relèvera de l'épiphénomène. Une brèche a été ouverte, et tout pouvoir a par nature tendance à s'y engouffrer. Le but ultime de toute forme de pouvoir n'est-il pas le contrôle ?

Les plus jeunes, auront vite fait d'intégrer que le tracking, quelle que soit sa forme, est possible. Pis : légitime. Ils ne seront donc pas surpris lorsque cela se reproduira. Ils auront intériorisé et légitimé cette norme.

Il est cependant difficile de penser qu'une fois l'épidémie totalement achevée, toute cette surveillance de nos faits et gestes se poursuivra de manière continue. Pas dans un premier temps du moins… Elle relève juridiquement d'un état d'urgence voté en bonne et due forme. Mais, comme indiqué plus haut, elle pourra revenir hanter nos vies régulièrement, à la moindre épidémie, en cas d'attentats, en cas de pics de pollution... Ou autre cause à imaginer par nos gouvernants, comme un potentiel trouble à l'ordre social du type « gilets jaunes ».

Et, à force d'être récurrente, cette surveillance permanente finira peut-être par devenir la norme et entrer dans nos vies, devenir une contrainte en quelque sorte de laquelle nous ne pourrons échapper. D'autant plus que les moyens technologiques en question vont se perfectionner à coups d'intelligence artificielle.

Les drones et caméras de surveillance de 2030 ne seront pas les outils de 2020, et probablement que d'autres moyens technologiques plus subtils, comme les drones insectes, qui existent déjà, seront utilisés de manière moins visible et plus pernicieuse encore.

Une fois de plus, les enfants et même les adolescents qui auront vécu cette crise en 2020, vont cristalliser leurs représentations sociales sur la base de cet état policier, au sens de Karl Mannheim. Ce fameux sociologue hongrois a montré que les évènements qui marquent une génération d'enfants et d'adolescents, font que ces derniers ont des représentations sociales basées sur leur vécu, ce qui la rend complètement différente de celles des générations antérieures. **Ainsi, on peut présumer que dans le futur, la majorité de la génération « Covid » ne s'opposera pas à ce que l'exception de leur enfance devienne la norme de leur vie adulte.**

Et quelle est la meilleure manière de traquer les populations sinon en les confinant ? Il n'y aura pas que le confinement obligatoire et policier, il y aura aussi le confinement psychologique. Les peurs sanitaires se sont installées dans nos esprits, et, encore une fois, répétons-le, dans l'esprit des plus jeunes qui grandiront avec. La génération des natifs des années 1930, aujourd'hui très peu nombreuse, a vécu avec la peur de la guerre, avec l'idée de rationner les aliments, du moins de ne pas gaspiller. Combien de fois avons-nous entendu, nous, natifs de « l'époque 68 », la phrase suivante de nos ainés : « *t'as pas connu la guerre, toi !* ».

Petit à petit, lors des prochaines épidémies, même les plus bénignes, de nouvelles psychoses s'empareront des populations, et de nombreuses personnes s'auto-confineront. Les pandémies seront, pour les jeunes, un peu ce que la guerre a été à nos aînés.

Des campagnes de vaccination obligatoires en France et ailleurs ne sont pas à exclure. Avoir sur soi des certificats de vaccination sous forme papier ou électronique nous pend au nez. D'abord, si jamais un vaccin contre le Covid-19 venait à être trouvé. Ensuite, en cas de nouvelles épidémies. Des confinements imposés, comme c'est déjà le cas actuellement pour les nouveaux porteurs de ce virus ne feront plus partie de l'exception, mais entreront peu à peu dans la norme sanitaire.

La résidence principale, le foyer… bref, la cellule familiale, deviendra de plus en plus le lieu de vie privilégié. Bien sûr, la vie d'avant reprendra et finira par ressembler, après plusieurs mois, à ce que nous connaissons depuis notre naissance. Mais seulement en apparence. Car quelque chose aura changé, aura été bouleversé. Les lieux de sortie rouvriront mais seront-ils aussi fréquentés qu'auparavant ? La distanciation sociale va-t-elle entrer dans les mœurs ? Pas de suite mais progressivement. Car la peur de l'autre s'est emparée des esprits, et les plus jeunes, qui vont connaître cela pendant un temps plus ou moins long, vivront avec des normes de sociabilité différentes de celles que nous connaissons.

De nombreuses applications de liens sociaux virtuels se sont développées durant cette période de confinement, comme les bars virtuels. L'être humain a besoin d'espaces de sociabilité, les couples, les familles ne peuvent rester éternellement entre quatre yeux... ou six... ou huit... Un célibataire ne peut rester éternellement face à son seul reflet dans le miroir... La technologie, avec la 5G qui arrivera bientôt, et les lunettes de réalité virtuelles, permettra de plus en plus de nouer des liens avec des personnes à l'autre bout du monde, de vivre de véritables relations virtuelles, de trinquer, de visiter des musées... Et, bien que cela n'arrange pas les compagnies aériennes, ça arrange les géants du net comme Amazon, Google, etc. Ainsi que les médias télévisuels, qui offrent d'ailleurs sur les ondes des émissions de divertissement toujours plus abrutissantes et plus accoutumantes les unes que les autres. Et bien sûr, les gouvernements. Car il est plus facile de contrôler des populations sédentaires et plus ou moins autoconfinées que des populations nomades !

La cellule familiale : formidable unité de consommation, formidable foyer fiscal, et formidable souche contrôlable...

Les start-up positionnées sur les créneaux du tracking, du moins les plus douées d'entre elles, qui travaillent avec les gouvernements, ont certainement un bel avenir !

Vers la dictature 2.0 ?

Le terme de dictature est emprunté au vocabulaire politique de la République romaine. En cas de crise sérieuse, on y créait un « dictateur », magistrat investi de pouvoirs quasi absolus pour une durée limitée (six mois en principe) : ensuite on revenait à l'organisation normale des pouvoirs publics.

Source : Encyclopœdia Universalis

La différence entre une dictature et un régime totalitaire ne se situe pas dans l'ampleur de l'arbitraire, de la répression et des crimes, mais dans le degré de contrôle du pouvoir sur la société : une dictature devient « totalitaire » lorsqu'elle investit la totalité des sphères sociales, s'immisçant jusqu'au cœur des sphères privées et intimes (familles, mentalités, psyché individuelle).

Source : Hannah Arendt, « *La Nature du totalitarisme* », *Payot, octobre 2018.*

À la lecture de ces définitions, il ne relève pas d'un quelconque paradigme complotiste de qualifier de « dictature totalitaire » l'état d'urgence vécu en 2020 dans plusieurs pays habituellement libres et démocratiques : France, Belgique, Italie, Espagne, Hongrie, etc. Interdiction de sortir, de contacts physiques, de recevoir des gens chez soi, délations, dénonciations, police sanitaire qui sillonne les rues à la recherche des subversifs qui ne se soumettraient pas à la « loi d'exception » décrétée par un gouvernement qui s'est octroyé les « pleins pouvoirs ». Répression et lourdes sanctions en cas de non-respect du nouveau code de conduite, chasse aux sorcières de ceux qui bravent ces interdictions liberticides. Et la liste peut encore continuer...

La dictature en question a été acceptée, et même adoubée par les peuples, ne l'oublions pas. Des peuples en quête d'autorité depuis un certain temps déjà. Car, une fois encore, 2020 n'est pas une rupture mais une mise en œuvre de ce qui germait dans les aspirations collectives. En octobre 2018, donc à un moment où le virus n'était pas né et encore loin de naître, où il n'y avait plus d'attentats depuis deux ans, et pas encore la crise des « gilets jaunes », un sondage Ifop pour Ouest-France montrait qu'un nombre assez conséquent de français aspirait à un pouvoir autoritaire. Interrogés sur l'idée de confier la direction du pays "à un pouvoir politique autoritaire quitte à alléger les mécanismes de contrôle démocratique", 11 % des sondés se montraient "tout à fait d'accord", 30 % "plutôt d'accord", soit un total de 41 %. Le même sondage montrait que 59 % des français seraient d'accord pour confier la direction du pays à "des experts non élus" pour mener les réformes nécessaires. Enfin le sondage en question estimait, à 78 % que les marchés financiers ont "trop de pouvoir", comme les multinationales (74 %), les médias (52 %) et la commission européenne (50 %).

L'état d'urgence adopté ces dernières années en France a rassuré la population qui a concédé ses libertés pour sa sécurité. D'abord face à la menace terroriste, relayée en boucle par l'info en continu, puis face à la menace sanitaire, relayée en boucle elle aussi par la même info en continu. Selon un sondage Ifop mené en juin 2016, alors que la France était en plein état d'urgence, seuls 14 % des Français souhaitaient sortir de l'état d'urgence alors qu'ils étaient 48 % à vouloir le renforcer, le reste l'adoubant tel quel. Dans un sondage Opinion Way de juin 2019, pour Open Diplomacy, 72 % des Français affirmaient vouloir déclarer l'état d'urgence climatique !

Rappelons que l'état d'urgence est, selon Wikipedia, *« une mesure prise par un gouvernement en cas de péril imminent dans un pays. Certaines libertés fondamentales peuvent être restreintes, comme la liberté de circulation ou la liberté de la presse. »*

Près de 3 Français sur 4 voudraient donc concéder des libertés individuelles et collectives en faveur de l'environnement.

Rappelons qu'à la suite des attentats perpétrés à Paris et à Saint-Denis dans la soirée du 13 novembre 2015, l'état d'urgence a été décrété lors d'un conseil des ministres réuni dans la nuit du vendredi 13 au samedi 14 novembre 2015. L'état d'urgence a été plusieurs fois prolongé et n'a pris fin que… le 1er novembre 2017 ! Deux ans sous état d'urgence ! Et en 2020, plusieurs mois sous un état d'urgence sanitaire encore bien plus liberticide ! En l'espace de 5 ans, la France aura vécu la moitié de son temps sous état d'urgence.

À ce rythme-là, il ne s'agit clairement plus d'un état d'exception.

Quand l'exception se transforme en règle, c'est qu'un profond changement social se produit. Et il est bien là sous nos yeux. La psychose sécuritaire, la psychose climatique, liées à une aspiration de « vie à tout prix » font renoncer une majorité de citoyens à leur liberté. Et ils y renonceront d'autant plus que nos pays seront secoués par des mouvements sociaux de plus en plus violents. La psychose sécuritaire prendra le dessus.

Nous avons donc de fortes chances de vivre des états d'urgence de plus en plus fréquents, de plus en plus poussés, au cours de la décennie à venir. États d'urgence appuyés sur un contrôle social formel très poussé. Un contrôle social exercé d'abord par l'arsenal technologique décrit précédemment, et en relais par la police et des tas de volontaires assermentés de différentes manières, créant ainsi des milices tout à fait légales. La vie privée n'aura plus de secrets pour l'État : qui voyons-nous ?... de quoi nous entretenons-nous ?... dans quel but ?... Cause sanitaire aujourd'hui, écologique demain, économique ou pourquoi pas fiscale après-demain : la demande de « vie à tout prix », de sécurité, de confort individuel, de justice sociale, d'égalité, est si importante que l'État, en quête d'autorité, y répondra volontiers de la manière forte ! C'est ce que l'on peut appeler la « dictature 2.0 ». Nous continuerons de voter, pour avoir le sentiment de choisir nos dirigeants, mais nous voterons pour des régimes de plus en plus agressifs, avec des moyens de contrôle technologique de plus en plus poussés.

Et quand on constate que la confiance envers le Chef de l'État français n'a fait que chuter tout au long de la crise sanitaire, alors que les Français aspirent à davantage d'autorité, il n'y a qu'un pas pour en déduire que les Français veulent un régime autoritaire mais avec d'autres personnes à la tête de l'État pour incarner cette autorité. Cela ouvre une fois de plus la porte à l'avènement de pouvoirs fondamentalement répressifs, ce qui n'est pas le cas du pouvoir actuel. Le pouvoir macroniste aura été le pouvoir le plus répressif de la

Ve République, non par son ADN, mais poussé en cela par un contexte particulier et une demande forte d'autorité, face à un régime politique voulant à tout prix s'accrocher à son pouvoir, et remontant graduellement son autoritarisme à cette fin. D'abord face à une révolte populaire d'une certaine violence, puis face à une pandémie comme le monde en a pourtant déjà vécu.

Nous avions évoqué précédemment la possibilité d'un prochain avènement de l'extrême droite, de l'extrême gauche ou de l'écologie punitive. On peut aussi penser à un pouvoir militaire, porté par une personnalité encore inconnue du grand public à ce jour...

CHAPITRE 6

DES PUISSANTS ENCORE PLUS PUISSANTS

Une crise, ou même une guerre, rebat un certain nombre de cartes, mais pas toutes… On nous fait croire que la crise actuelle aura les effets d'une guerre mondiale. Mais une guerre mondiale créée pour un certain temps une hiérarchie entre nations, voire un contrôle de certaines nations par d'autres. Ce qui fut le cas à la fin de la seconde guerre mondiale. À l'inverse, la crise sanitaire ne va en rien bouleverser l'ordre des puissants de ce monde. Au contraire !

Renforcement des pouvoirs politiques

La précédente décennie a commencé par les printemps arabes en 2011, et s'est achevée avec la crise des gilets jaunes en France, les manifestations indépendantistes en Espagne, les émeutes à Hong Kong, la révolte des Indiens en Équateur, les soulèvements populaires en Bolivie, en Iran, au Chili, etc.

La présente décennie commence par des rues calmes, des pays sans manifestants, des lieux publics fermés, un silence assourdissant... Et des régimes politiques qui assoient leur autorité. Surtout d'ailleurs dans les pays qui étaient en proie à la contestation. Le coronavirus a été une aubaine pour légitimer les pouvoirs en place, le pouvoir tout court, et renforcer la peur qu'ils peuvent inspirer surtout dans des pays comme les Philippines ou la Hongrie.

La pandémie a mis un coup d'arrêt aux révoltes. Ainsi le chemin à parcourir pour un futur soulèvement populaire ici ou là sera plus long, plus contraignant et rencontrera beaucoup moins d'adeptes.

Le coronavirus aura donc contribué à renforcer la notion de pouvoir politique, qu'il prenne une forme démocratique ou dictatoriale. Evidemment, la carte du monde politique en 2020 ne sera pas celle de 2022 ou 2025, mais les gouvernements, quels qu'ils soient, seront de plus en plus agressifs, surtout dans un contexte de crise économique quasi mondiale. Et si la France venait à faire démocratiquement le choix des extrêmes, il y a fort à parier que le phénomène serait encore plus marqué.

Mais les pouvoirs politiques ne seront pas les seuls à sortir renforcés de cette crise. Les pouvoirs économiques émergents et ceux déjà installés le seront eux aussi, et sûrement plus encore que les pouvoirs politiques.

Renforcement et concentration des pouvoirs économiques

Les géants du net, les lobbys pharmaceutiques, les grandes chaînes de magasins, les géants de l'agroalimentaire, les institutions internationales (ONU, FMI, OMS, etc.)… Tous ces pouvoirs se sont renforcés pendant la crise sanitaire, ils se renforceront pendant la crise économique et au-delà.

Prenons Amazon en exemple. Une entreprise honnie de beaucoup de Français pour des raisons sur lesquelles nous ne nous étendrons pas ici. Les détracteurs d'Amazon ont pu se réjouir de l'interdiction de livrer des produits autres que de première nécessité pendant le confinement, interdiction qui lui a été apposée par l'État français. Cette contrainte, tout comme celle de fermer ses entrepôts, ne représente même pas une goutte d'eau par rapport au fleuve Amazon qui ne fait que s'étendre. Le parcours boursier du titre Amazon sur les dix dernières années est éloquent, surtout si on le compare à l'indice Dow Jones qui pourtant n'a pas démérité, au contraire !

Le titre Amazon a gagné 1712 % en 10 ans… Il a été multiplié par 18 ! Entre le 1er janvier 2020 et le 7 mai 2020, alors que les bourses mondiales ont dévissé, que de nombreuses PME sont au bord de la faillite, ce titre a gagné près de 30 % ! D'ailleurs l'action Amazon, est, début mai 2020, à la sortie des périodes de confinement, à des records historiques ! Le confinement a été du pain béni pour Amazon à travers le monde. Ainsi, la fortune de son patron, Jeff Bezos, principal actionnaire, a augmenté de 24 milliards de dollars pendant le confinement !

Même chose pour Google, qui, rappelons-le, possède Youtube. Le confinement a été favorable à ce géant du net, dont l'omniprésence sur le Net est incontestable. L'action (qui se nomme désormais Alphabet) a aussi creusé l'écart avec le Dow Jones sur les 10 dernières années :

La crise, comme toute crise, renforcera les acteurs économiques qui ont de la trésorerie, et ne sont pas particulièrement endettés. Cependant une trésorerie sainement assise sur une dette bien négociée, reste de la trésorerie ! Et permettra, au moment voulu, de faire des emplettes ! En effet, les rachats à la barre du tribunal, ou pour une bouchée de pain, afin d'éviter précisément la honte d'une faillite, seront nombreux. À l'échelle mondiale, une fois de plus, les riches vont s'enrichir.

Une société comme Google, dont il vient d'être question, disposait, en août 2019, de la plus grande trésorerie au monde : 119 milliards de dollars ! Autre société qui possède un trésor de guerre immense : Apple, avec plus de 100 milliards de dollars. Ces entreprises n'ont pas la culture du dividende, donc de la distribution aux actionnaires. Elles ont au contraire la culture de la thésaurisation. Une culture qui sera payante avec la crise qui s'annonce. Certes, Apple vendra moins d'Iphone-12 car les consommateurs auront moins de pouvoir d'achat, mais Apple pourra s'offrir tant de start-up prometteuses tombées en ruine, que sur le long terme ce sera évidemment un « bon coup » pour le géant à la pomme croquée !

De la même manière, Berkshire Hathaway de Warren Buffet, le célèbre vieux milliardaire américain, va profiter des opportunités d'achat d'entreprises au tapis. Car Berkshire Hathaway a toujours eu aussi une immense trésorerie. Tandis que des spéculateurs milliardaires comme Georges Soros s'enrichissent à chaque crise car ils profitent de la volatilité des marchés financiers.

Les géants pharmaceutiques, dont on connaît l'influence politique, prendront une place encore plus importante. En 2019, donc bien avant la crise, les 10 groupes pharmaceutiques les plus puissants consacraient plus de 15 millions d'euros par an en lobbying auprès de l'Union Européenne, selon le Corporate Europe Observatory. Du pur lobbying afin d'influencer les décisions politiques de l'Union Européenne. Le règne des « Big Pharma » comme on les appelle, ne va qu'être amplifié par cette crise. Une petite entreprise pharmaceutique ne peut pas avancer sans l'appui d'un géant international, même si elle a une avance technologique importante. Ainsi, une société biotechnologique allemande, Biontech, a commencé à travailler sur le Covid19, mais elle s'est immédiatement adossée à un géant, en l'occurrence Pfizer.

Plus proche de nous, dans nos villes et villages, le mouvement de disparition des petits commerces, qui date d'une bonne trentaine d'années, va se poursuivre.

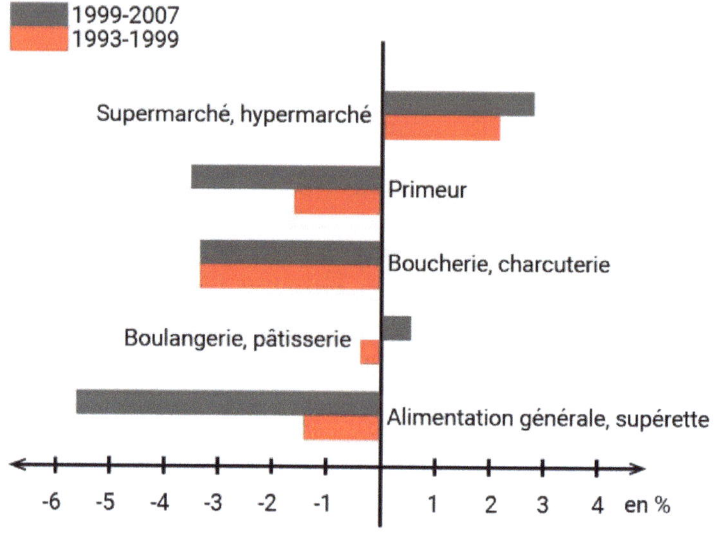

De 1993 à 2007 déjà, une grande partie du travail a été faite. Les boucheries, charcuteries, poissonneries, primeurs, mais aussi les tailleurs, chapeliers, et de nombreux autres, ont déserté les rues. Au profit des supermarchés, hypermarchés ou supérettes. Et, sur la dernière décennie, au profit de zones commerciales à ciel ouvert excentrées regroupant de grandes enseignes : cuisinistes, supermarchés de la chaussure, de vêtements discount, fast-food, etc. La crise actuelle ne va que précipiter ce mouvement, et l'étendre probablement à de nombreux restaurants qui tenaient bon malgré tout. Plusieurs mois de fermeture : beaucoup ne s'en remettront pas. Ainsi, les grandes chaînes de magasins, qui trouveront toujours des financements, ou qui fusionneront (comme l'ont par exemple fait Fnac et Darty), continueront de cannibaliser le marché. Et demain les chaînes de restauration, qui d'ailleurs auront moins de mal à s'adapter aux futures normes sanitaires (sûrement durables dans le temps, au-delà du temps du COVID 19) que les petits restaurants exigus. Or, toutes ces grandes chaînes sont dirigées par des managers ayant fait des écoles spécialisées et non par des autodidactes… Une fois de plus, nous sommes toujours dans la logique de concentration du pouvoir économique.

Les plus riches d'avant-Covid seront encore plus riches après le passage du Covid. La crise sanitaire, doublée d'une crise économique, va renforcer les inégalités. La classe moyenne, déjà bien atteinte dans son pouvoir d'achat, va encore plus se paupériser, en raison d'un chômage de masse, mais aussi d'impôts additionnels, en particulier écologiques et probablement sanitaires, auxquelles elle ne pourra se soustraire. Et tout sera fait pour qu'elle ne se révolte pas (lire chapitre sur le contrôle social).

Les pouvoirs politiques seront renforcés : pouvoirs des gouvernements en place ou des prochains gouvernements qui les remplaceront… Mais aussi les pouvoirs économiques des géants du net, des géants de la finance, des biens de consommation, de la restauration, etc. Le pouvoir économique va se concentrer.

Incertitude du côté bancaire

En revanche le cas des banques est peut-être moins reluisant. Il est difficile de faire de la prospective sur ce terrain à ce jour, mais les banques risquent d'être, dans l'ensemble, sévèrement atteintes par la crise qui s'annonce. On ne peut s'empêcher de penser, à ce titre, qu'en France, quelques banques, si elles venaient à mettre le pays en danger par leur fragilité, soient nationalisées. Cela contribuerait au renforcement du pouvoir politique. Dans un état centralisateur et étatiste comme l'est notre hexagone, la nationalisation serait une arme de dernier recours qui serait très probablement majoritairement approuvée par le peuple. Le dernier sondage en date sur le sujet date de 2017 et concerne les chantiers de Saint-Nazaire : 75 % des Français étaient favorables à leur nationalisation ! L'Italie, face au fatras de difficultés qui s'annonce pour elle, pourrait aussi user de cette arme concernant ses banques, en grande difficulté. À une différence près avec la France : l'Italie s'est, bien plus que nous, imprégnée d'une mentalité néolibérale depuis les années 90.

Face à la crise, les banques ne seront pas égales. Force est de constater que chaque crise économique majeure emporte des banques avec elle… Ce fut le cas de Lehman Brothers en 2008 ou de LF Rothschild en 1987.

Certaines banques ont une solidité plus ou moins importante que d'autres. Cela dépend de la taille de la banque, sa liquidité ou encore de son bilan (effet de levier, capitaux propres, solvabilité). Les plus solides seront les plus épargnées.

Selon une étude de « Café de la Bourse » de mai 2020, les banques les plus solides sont chinoises et américaines. Plus fragiles sont nos banques, mais elles ne semblent pas être sous le feu d'une menace immédiate. Et en cas de gros problème, la culture étatique de la France permettrait de nationaliser.

Grandes Nations toujours plus fortes, Chine en tête

Au niveau de la répartition du pouvoir entre pays, le classement, qui avait été ébranlé sur des dernières décennies, voyant des pays comme l'Inde ou l'Arabie Saoudite remonter fortement dans le classement, ne devrait pas être de nouveau ébranlé par cette crise.

Rappelons le classement en 2019, réalisé par US News et World Report en collaboration avec l'Université de Pennsylvanie :

1- États-Unis

2- Russie

3- Chine

4- Allemagne

5- Royaume-Uni

6- France

7- Japon

8- Israël

9- Corée du Sud

10- Arabie Saoudite

11- Émirats Arabes Unis

12- Canada

13- Suisse

14- Inde

15- Australie

16- Turquie

17- Italie

18- Qatar

19- Espagne

20- Suède

21- Pays-Bas

22- Singapour

23- Norvège

24- Brésil

25- Danemark

Un classement qui tient compte prioritairement de critères économiques, mais aussi de la capacité d'influence, de la force militaire, etc.

On peut juste imaginer que les pays du nord de l'Europe, qui se sont sortis exemplairement de cette crise, graviront quelques places dans le classement, car leur PIB sera nettement moins affecté que celui de la France, l'Italie ou l'Espagne. On peut présumer que la Chine, qui est le point de départ de la pandémie, mais qui a su se montrer placide voire implacable à la fois dans la lutte contre le virus, dans le contrôle de sa population, dans les relations internationales, face en particulier aux accusations de Trump, vole la seconde place à la Russie… Qui va souffrir de la faiblesse des cours du pétrole… Mais demeurera un très puissant pays. Les tensions entre la Chine et les États-Unis risquent de croître au cours de cette nouvelle décennie, car la compétition pour la première place, détenue par les États-Unis depuis plus d'un siècle, sera rude… Et toute compétition entraîne tensions et coups pas. Sans parler de guerre, très peu probable à ce stade, mais pas écartable à plus longue échéance.

Une baisse de la natalité est prévisible un peu partout en Europe, sur la décennie qui arrive, en raison de problématiques environnementales (les écologistes militants sont contre la démographie), des craintes du lendemain, de la paupérisation, de la baisse possible des aides. Cette baisse de la natalité sur le vieux continent n'aidera pas à relancer la croissance, car la dénatalité est de nature à freiner la progression de la richesse produite vu qu'il y a moins de demande !

En Inde et en Amérique du Sud en revanche, la natalité va très probablement continuer d'augmenter, mais il ne faut pas s'attendre à une très forte croissance générée par ce phénomène, car, contrairement à la Chine d'il y a 50 ans, ce sont des pays déjà fortement urbanisés, qui ne tireront donc pas de gains de richesse très importants des migrations des zones rurales vers les zones urbaines.

Cela dit, une décennie est un laps de temps trop court pour pouvoir observer un bouleversement de la hiérarchisation des puissances en raison de la démographie.

On peut donc penser que les rapports de force internationaux seront légèrement modifiés mais cela ne fera pas des faibles des puissants ni des puissants des faibles. Au contraire. Via les institutions internationales qu'ils contrôlent, les pays les plus puissants vont affirmer leur souveraineté sur les grandes décisions mondiales. Et même si le Continent africain a fort bien résisté à la pandémie pour des raisons qui seront débattues ultérieurement, cela ne générera pas une croissance susceptible de faire remonter les pays d'Afrique dans le peloton de tête des pays les plus puissants du monde.

DEUXIÈME PARTIE

COMMENT S'ADAPTER
À CE MONDE ?

OU

Les stratégies pour se réinventer

et s'en sortir

CHAPITRE 1

STRATÉGIES D'ADAPTATION PATRIMONIALE ET FINANCIÈRE

Face à la paupérisation, l'accroissement des inégalités, le retournement du cycle du crédit, l'inflation, la relocalisation, et autres faits économiques marquants de la décennie à venir, il ne faut pas rester les bras croisés ! Mais au contraire mettre en place de judicieuses stratégies d'adaptation sur le plan financier et patrimonial.

Le leitmotiv sera de compenser la paupérisation et d'accroître ses revenus si possible, ou tout du moins de valoriser son patrimoine.

Sortir de la bulle sécuritaire

Face à un pouvoir d'achat qui va encore s'affaisser, et peut-être même s'effondrer, la sécurisation absolue de ses placements ne doit plus être un leitmotiv. Tout particulièrement le livret A, ou les fonds en euros des assurances vie qui sont considérés à tort comme des placements hypersécuritaires.

L'épargne des Français sur le fameux livret A atteint de nouveaux records. En janvier 2020, le livret A pèse près de 303 milliards d'euros. Entre décembre 2019 et janvier 2020, la collecte sur le livret A a augmenté, passant de -1,6 Mds€ à 4,3Mds€.

Il est clair qu'il est plus avantageux que la bourse si on se réfère à la performance du CAC 40 depuis le 1er janvier (-26.5 %), mais probablement moins si on se place sur le long terme (le CAC 40 gagne 10 % sur 10 ans malgré la baisse actuelle), et encore moins si on se place sur le long terme en sélectionnant ses actions !

Les adeptes du livret A pourront dire, à raison, que le taux de rémunération de cette forme d'épargne des Français n'est que de 0,5 % net d'impôts, et que placer à 0,5 % est mieux que subir une déflation de plusieurs dizaines de pourcents sur d'autres actifs ou de quelques pourcents sur certains biens et services de consommation. C'est donc un gain de pouvoir d'achat de court terme.

À moyen et long terme, la réponse devient bien plus contrastée. Surtout si on regarde vers l'avenir. En effet, le livret A est une épargne d'État... Les Français l'oublient trop souvent, alors que cela concerne bien l'épargne des Français !

Et c'est de là que peut surgir un problème de taille : les difficultés budgétaires de 2021 remettent en cause l'ensemble des placements. En 2018 par exemple, presque 65 % (164Mds) de l'encours sur les livrets A a alimenté des prêts publics alors que près de 34 % (86Mds) a été placé sur différents actifs comme les actions ou les obligations, d'après la Caisse des dépôts, en charge de cette épargne centralisée.

Des chiffres à ne surtout pas oublier !

Le livret A peut ainsi être menacé par, d'une part, la correction violente des actifs privés, et d'autre part, la correction des actifs publics qui finira tôt ou tard par se produire. Le livret A est un placement sans risques... jusqu'au jour où des problèmes apparaîtront !

On peut faire un raisonnement similaire pour les assurances vie.

Première surprise pour les clients qui pensent avoir placé leur argent sur une assurance vie « à la banque », ce n'est pas le cas !

Les banques n'ont pas le droit d'encaisser les versements sur une assurance vie, elles agissent donc en tant qu'intermédiaire. Ce n'est pas en soi gênant, sauf peut-être en termes de communication car c'est rarement comme cela que c'est expliqué en agence. La banque agit en réalité en tant que courtier, ce qui est intéressant car le rôle traditionnel du courtier est de mettre en concurrence plusieurs compagnies d'assurances, afin de sélectionner pour vous le contrat le mieux adapté à vos besoins. Sauf que les banques sont des courtiers d'un type un peu particulier, elles n'analysent pas les contrats, ne comparent pas, puisqu'elles vous envoient automatiquement vers leur propre filiale d'assurance !

Ainsi lorsque vous poussez les portes d'une agence Bnp Paribas vous êtes certains de vous faire « conseiller » un contrat Cardif, alors qu'en allant à la Société Générale avec les mêmes besoins vous aurez un contrat Sogecap, tout comme vous serez orienté vers un contrat Predica au Crédit Agricole ou au LCL, et ainsi de suite.

Deuxième surprise, **les investissements que vous faites au sein de votre contrat d'assurance ne vous appartiennent pas**. En France l'assuré est un simple créancier de la compagnie d'assurances. En pratique, lors de la souscription vous choisissez sur quels fonds placer votre épargne, mais en réalité vous ne détenez pas ces fonds, c'est la compagnie d'assurance qui en est propriétaire.

Au jour du retrait, la compagnie d'assurances vous remet la contre-valeur des fonds présents sur votre contrat. Tout cela ne change pas grand-chose tant que tout va bien. C'est en cas de crise que la différence deviendra visible : si la compagnie d'assurance est en difficulté, rappelez-vous que vos fonds ne vous appartiennent pas, vous êtes un simple créancier, et il y en aura bien d'autres à rembourser avant vous (État, Urssaf, Salariés, etc.).

Livret A et Assurance vie apparaissent donc aujourd'hui comme les deux placements préférés des Français, en raison de leur perception sécuritaire... Une sécurité qui n'est que relative !

L'or, un bel avenir probable

L'or a bien rebondi depuis le début de la crise économico-sanitaire de 2020 comme le montre le graphique qui suit :

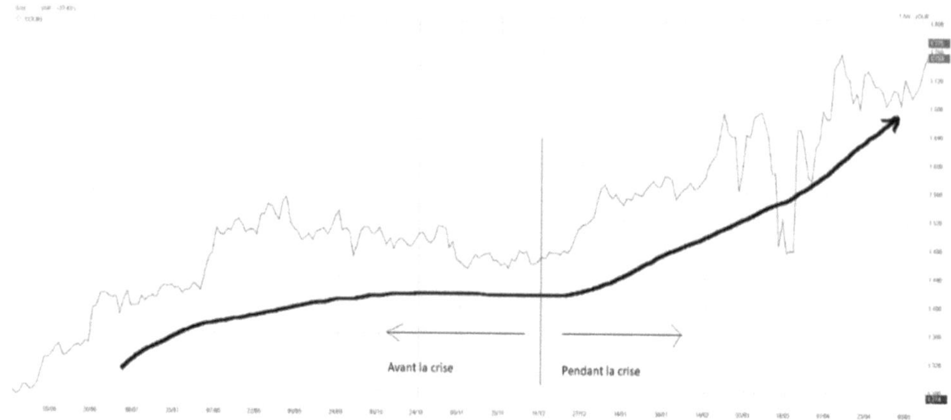

L'or n'a aucune nationalité. L'or est international. Les investisseurs n'ont pas attendu que le virus s'invite en Europe puis sur les autres continents. Alors que le coronavirus émergeait en Chine, en décembre 2019 et n'occupait que quelques lignes dans les journaux, magazines, sites internet, ou quelques minutes sur les ondes radio et TV, le cours de l'once d'or se mettait à flamber.

Le prix du métal jaune est passé en quelques semaines de 1 450 dollars à 1 750 dollars, gagnant plus de 20 % quand les bourses mondiales se mettaient à dévisser.

Quelques rappels fondamentaux :

- L'or résiste mal à la déflation

- La hausse de l'or est supportée par les incertitudes

- L'or s'inscrit en opposition aux devises et aux obligations.

La situation actuelle est, comme toute récession violente, une période de déflation (massive), mais aussi une période d'incertitudes massives. Sur les fondamentaux, jusque-là, l'incertitude a pris le dessus sur la déflation... D'où la hausse de l'or.

Le déconfinement arrivant, la déflation reste et la psychose s'atténue. Cela peut traduire une prédominance baissière. Nous l'avons vu sur l'or sur ces derniers mois, les mouvements haussiers sont aussi impressionnants que les mouvements baissiers.

Voilà les événements qui risquent de précipiter prochainement la hausse de l'or, voire l'éventuelle bulle aurifère :

- Les inquiétudes face aux dettes et le risque de crise des dettes en 2021 et probablement 2022.

- L'effondrement de la valeur des devises et le risque inédit de crise monétaire en 2021-2022.

- Le retournement du marché obligataire... Car la corrélation entre or et obligations et presque parfaite. Quand la valeur des obligations diminue (hausse des taux), celle de l'or augmente. Et ce sera probablement la principale cause ce rallye, à long et très long terme.

- Le risque de chute de confiance envers les gouvernements. C'est la dernière condition avant le risque de forte inflation (pour l'instant limité mais bien réel). À savoir que toute inflation prononcée vient d'une chute de confiance envers les gouvernements.

Un retour en arrière pour s'imprégner d'un exemple. Que s'est-il passé après 1929 sur l'or ?... À l'époque, il s'avère que les devises étaient fixées à l'or. De toute évidence, une période de déflation traduisait une hausse de demande de devises (comme aujourd'hui), et donc une hausse de l'or.

Pour la parenthèse, la déflation dévalorise la valeur et valorise ce qui représentait la valeur passée. Autrement dit, dévalorise les actifs et valorise la devise. Ajusté à l'inflation, l'once d'or avait un prix de 309 $ en octobre 1929. Et de 679 $ en 1934. Soit une hausse de +119 %. Mais aujourd'hui, l'or n'est plus fixé aux devises. Et la déflation constitue plus un frein, bien que les dégâts de cette déflation soient un moteur haussier non négligeable... C'est pourquoi, le rallye sera particulièrement perceptible quand la déflation va générer l'inflation)... C'est la nature du cycle économique. **Il faut donc être positionné sur**

l'or avant 2022. Toute baisse sera bonne à prendre.

On peut acheter de l'or physique : les lingots et autres lingotins, même de quelques grammes sont à préférer aux pièces, car une pièce a une dimension subjective, ce qui n'est pas le cas des lingots et lingotins. Les certificats et trackers côtés en bourse (qu'on appelle « or papier ») sont aussi des alternatives intéressantes. Comme le tracker Gold Bullion (code ISIN GB00B00FHZ82) qui est adossé à un stock d'or.

L'argent, un intéressant challenger

L'argent est un métal précieux, mais moins précieux que l'or. Ne parle-t-on pas de médaille d'or pour le premier et de métal d'argent pour le deuxième lors d'une compétition... Dans une compétition de judo par exemple, celui qui est deuxième a forcément perdu un combat. On comprend que le cours de l'argent soit moindre que celui de l'or !

Donc, l'argent est associé dans l'inconscient collectif à une image de préciosité mais pas à une image d'excellence absolue comme c'est le cas de l'or.

L'argent se décline, comme l'or, en lingots, en once, en pièces, etc. Et son cours varie en permanence sur les marchés financiers, comme c'est le cas de l'or. Mais l'argent a toujours été et sera toujours moins cher que l'or.

Le cours de l'once d'or et de l'once d'argent, peuvent s'exprimer en n'importe quelle devise, mais la devise de référence est le dollar et le mieux est de faire les comparaisons dans le temps en dollars.

Sur les 45 dernières années, le ratio or/argent, qui mesure donc le prix relatif de l'or par rapport à l'argent, a oscillé entre 20 et 120. C'est-à-dire que l'or a coûté entre 20 fois et 120 fois plus cher que l'argent.

L'argent fait office, comme l'or, de valeur refuge, mais c'est un peu en quelque sorte "l'or du pauvre".

Mais l'argent n'est pas seulement une valeur refuge comme l'or. L'argent est aussi une valeur industrielle, car utilisée dans de très nombreux composants industriels. Donc le cours de l'argent a tendance à monter en période de croissance industrielle car c'est un composant important dans beaucoup d'industries surtout de haute technologie.

Par ailleurs, l'histoire montre que quand il y a un krach boursier, dans un premier temps, l'or monte et l'argent baisse... Ce qui s'est produit... Mais par la suite, l'argent remonte. C'est ce qui s'est passé en 2008 par exemple. Et jusqu'en 2011 où l'once d'argent a dépassé 40 $.

Sur un plan économique, on notera aussi que la meilleure alliée de l'argent est l'inflation. Durant l'inflation galopante des années 70, le prix de l'argent a grimpé de plus de 3 000 % !

Or, les injections massives de liquidités dans l'économie faites par les banques centrales ces dernières années, injections qui repartent de plus belle avec la crise sanitaire, laissent planer un fort risque inflationniste, même si ce ne sera pas une hyperinflation (car plusieurs paniers de biens sont par nature déflationnistes comme les médias et télécoms). L'argent qui est au plus bas, aura donc un beau potentiel.

D'autant plus que le ratio or/argent, dont il a été question plus haut, est à 116 ! Après avoir touché le chiffre incroyable de 120... Un record absolu !
La moyenne historique se situe entre 30 et 60 sur ce ratio et les plus bas vers 19.

Le graphique suivant montre que le ratio or/argent est depuis 40 ans dans un canal haussier, et qu'il vient de buter sur sa résistance.

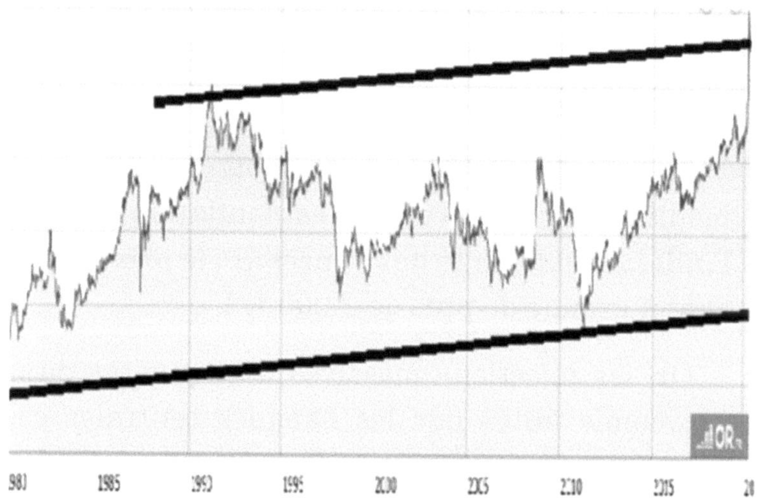

Si, comme en 2011, donc après la crise de 2008, ce ratio venait à baisser vers son support, ce dernier se situant aujourd'hui autour de 40, avec une once d'or à 1 800 $, on aurait un cours de l'argent à 1 800/40 = 45 $!

Le cours de l'argent a commencé à rebondir comme le montre le graphique suivant mais il lui reste un long chemin à accomplir.

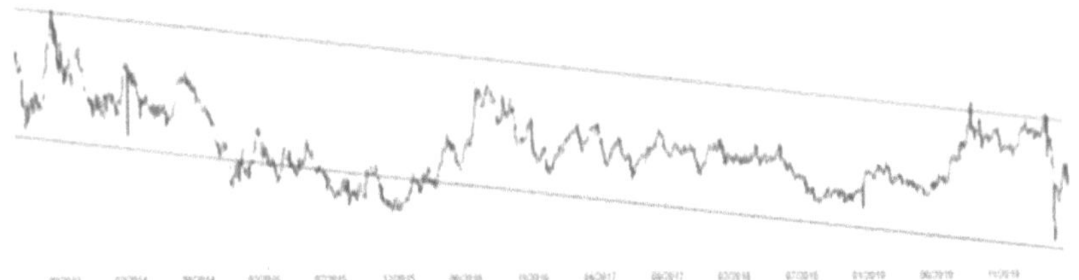

Il lui faudrait surtout sortir d'un canal baissier dans lequel il se situe. Ce qui est largement envisageable.

Une reprise de l'activité industrielle, combinée à un retour de l'inflation, combinée à une hausse de l'or comme cela est prévisible... Et l'argent sera tiré vers le haut.

À noter que ce métal n'est pas non plus présent en quantité illimitée sur la planète. Dans son inventaire publié en mai 2018, la LBMA (London Bullion Market Association) fait état d'un stock de 25 000 tonnes en 2018 (source lbma.org.uk), mais sans préciser si ce stock est ou non à vendre. En ce qui concerne la COMEX, le stock s'élève à 302 millions d'onces dont seulement 80 millions sont à vendre à un prix défini par le vendeur.

Évidemment le prix peut être régulé en fonction du stock à vendre mais il n'est pas impossible que devant une forte demande, les vendeurs laissent la pénurie s'organiser...

Par conséquent l'argent pourrait être un placement intéressant pour les années qui viennent, et surtout en cas de crise monétaire.

À noter que les amateurs peuvent acheter des lingots d'argent mais aussi des trackers comme le tracker qui a le code suivant : **GB00B15KY328**, et qui est achetable en bourse comme l'est une action.

La bourse, mais avec un grand discernement...

Deux économistes auront toujours des avis différents sur un même sujet. Mais tous les économistes de la terre peuvent au moins s'accorder sur une chose : lorsqu'il y a une crise économico-financière majeure, c'est là qu'il y a les meilleures affaires à réaliser en bourse !

Il n'y a qu'à prendre le graphique du Dow Jones sur le très long terme pour s'en rendre compte...

Même si le Dow Jones a mis 30 ans pour retrouver son niveau de 1929, une fois la crise finie, en 1932, il a fortement rebondi !

Après la crise de 2008, il a mis 5 ans pour retrouver ses plus hauts...

Ce graphique montre que :

Premièrement, les records sont toujours faits pour être battus.

Deuxièmement, après une déflagration boursière, il y a toujours un très fort rebond.

Nul ne peut dire, au moment où ces lignes sont écrites, quelle forme prendra, sur le plan boursier, la crise qui ne fait que commencer.

Quittons les États-Unis et son Dow Jones et revenons en France, avec le CAC 40.

Ce graphique compare la crise boursière de 2020 (le graphique s'arrête en juin, au moment où est achevé ce livre) avec celle de 2001-2002 et celle de 2007/2008.

Il montre ce qui arriverait au CAC 40 à partir de son niveau de départ s'il devait suivre l'une ou l'autre de ces trajectoires.

La trajectoire en rouge montre ce qui arriverait au CAC 40 s'il suivait exactement le chemin de 2001-2002. De manière assez dramatique il finirait sa course vers 1 700 points à horizon fin 2022. La trajectoire en vert montre ce qui arriverait au CAC 40 s'il suivait exactement le chemin de

2007/2008. D'une manière plus consensuelle, il finirait sa trajectoire vers 2 500/2 600 points, finalement de la même façon qu'en 2009. Et la fin du mouvement aurait lieu vers septembre 2021.

Bien sûr, le CAC 40 ne va pas suivre à la trace l'un ou l'autre chemin. Il ne s'agit là que de projections à partir du passé...

Le graphique est marquant par la brutalité de la chute initiale en 2020 par rapport aux deux autres.
L'effet de surprise a été total, tout le monde a été désarmé.
Tout le monde voyait une crise arriver, mais pas début 2020 ! Pas d'un coup, comme ça... C'est le propre d'une crise de commencer quand personne ne l'attend. Ensuite, une fois que tout le monde se prend "40 % dans la figure", il faut s'adapter, se réinventer, voir la crise et ne surtout pas la nier... Et remonter la pente, même si le marché ne la remonte pas.

Regardons les 4 phases des précédentes crises : W, X1, Y, X2 et Z.

W : krach initial
X1 : premier rebond
Y : deuxième krach
X2 : deuxième rebond

Z : baisse finale, capitulation avant un nouveau marché haussier de long terme.

En mars 2020, nous avons vécu le mouvement W. Le plus bas a été à 3 632 points, en partant de 6 111 ! Et cela en très peu de temps ! Le CAC a perdu 40 % en 3 semaines !

Ce fut la chute la plus brutale depuis que l'indice existe.

La brutalité du mouvement W montre une chose : tout peut aller vite cette fois ; nous ne sommes pas dans le même cas de figure que 2001/2002. D'autant plus qu'à cette époque, le marché avait commencé à baisser avant le World Trade Center. Il aurait probablement arrêté de baisser sans les attentats mais les attentats ont généré toute une année 2002 de crise, de guerre, de peur et de baisse.

Nous sommes sur des mouvements plus rapides et c'est pour cela que le marché baissier ne devrait pas durer jusqu'en 2022.

La cause exogène du déclenchement de la baisse fait penser à 2001, mais finalement le mouvement risque de ressembler davantage à 2008, qui reste une époque plus proche de la nôtre.

Plus une crise est sévère, plus la première jambe de rebond après le krach initial est importante en raison des injections de liquidités des banques centrales...

D'où la vigueur du rebond constatée en cette fin de printemps 2020.

Quand la phase X1 sera finie, ce qui devrait être le cas en fin d'été, avec un CAC 40 pouvant remonter vers 5 500 voire 5 800 voire même 6 000 points... alors, nous entrerons très probablement dans la phase Y qui pourrait amener le CAC 40 assez bas. Une fois que l'euphorie provoquée par les injections de liquidités de la BCE sera finie elle aussi. Ce seraient alors les premiers signes économiques de reprise bien plus molle que prévu qui mettraient le feu aux poudres.

Nous aurions alors une phase X2 pour la fin d'année, voire début 2021, et comme vous le constatez, la phase X2 amène en général les indices vers les plus bas de la phase W. On aurait donc le mouvement : baisse assez longue et profonde, puis rebond vers 3 700 points...
Puis la phase Z, celle de lassitude, où tout le monde capitule... Qui mènerait vers 2 500 ou 2 600 points pour l'automne 2021...

Bien sûr cela n'est qu'un scénario projeté à partir des crises précédentes, et il est évidemment impossible de faire une quelconque prévision certaine ni même quasi certaine.
Sur chaque phase, les traders se régalent. Et à chaque creux, il est utile de se projeter après la fin de la crise, en achetant des titres qui ont un vrai potentiel de long terme.

Vu que la bourse fait partie des sciences économiques, qui ne sont pas des sciences exactes, une question peut légitimement être posée : "Et si nous n'étions pas dans un tel marché baissier, qui se déroule traditionnellement en 5 phases" ?

Si le krach du coronavirus était plutôt un krach comme en 1987 ? Et que dans quelques mois nous serons revenus au-delà des 6 000 points ? Cette hypothèse n'est pas à exclure. Mais n'est pas la plus probable.

Quel que soit le mouvement du marché, un certain nombre de secteurs peuvent susciter l'intérêt des investisseurs au cours des années à venir.

Toux ceux dont il a été question dans la première partie.

Les géants du web ne devraient qu'être peu affectés par la crise, y compris sur leurs parcours boursiers. Placer à long terme sur ces géants, surtout ceux qui sont rentables n'est probablement pas la pire idée qui soit. En écartant donc les Twitter et Netflix qui peinent, de par leur modèle à atteindre la rentabilité, contrairement à Google (Alphabet désormais), Amazon, Apple, Facebook ou encore Microsoft.

Placer sur les géants de l'industrie pharmaceutique, sur les géants de l'industrie hospitalière, a toujours été un bon pari, et pourrait l'être encore, à condition de savoir longtemps, très longtemps conserver ses actions, voire même réinvestir les dividendes distribués.

Les leaders des télécoms, comme Orange, devraient aussi bien s'en tirer. Le confinement leur a été propice, et, bien que ces sociétés investissent lourdement et soient sur des marchés concurrentiels, la baisse des prix des forfaits téléphoniques semble terminée. La hausse prévisible du télétravail va les favoriser.

A l'autre bout de la chaîne entrepreneuriale, de nombreuses start-up ou tout simplement des PME bien implantées, positionnées sur des domaines comme la décontamination, la surveillance vidéo, les logiciels de télétravail, les services à l'environnement, vont s'affirmer, tant par leur notoriété, que par leur croissance et leur rentabilité. Evidemment, pour investir sur ce genre d'actions, il ne faut pas s'y prendre au hasard. De tels investissements doivent être le fruit d'études et de recherches méthodiques et minutieuses. De tels investissements étant par nature risqués.

D'une façon générale, à l'inverse, les secteurs cycliques, comme l'automobile, seront à éviter, tout comme les entreprises très endettées, qui auront du mal à résister à une montée des taux d'intérêt, prévisibles probablement à partir de 2021.

Du côté des foncières, la sélection devra être de rigueur, dans un contexte où le télétravail va s'accentuer, où les entreprises chercheront des locaux plus petits afin de réduire leurs charges. Exception faite pour les foncières détenant des biens dans des zones d'activités commerciales, car, une fois le mouvement des faillites passé (au moment où ces lignes sont écrites, on apprend la fin probable d'enseignes comme La Halle ou Camaïeu), le mouvement des fermetures de petits commerces de centre-ville au profit d'ouvertures de grandes enseignes dans les zones d'activité commerciale, devrait accélérer.

CHAPITRE 2

STRATÉGIES D'ADAPTATION PROFESSIONNELLE

S'adapter professionnellement au monde d'après : une nécessité pour qui n'a pas pour ligne de mire de partir en retraite dans les cinq ans à venir. Et encore ! Ceux qui sont proches de la retraite, ne devraient-ils pas aussi se questionner sur l'opportunité de poursuivre une activité ? Les retraites payées par l'État à vie, comme nous les connaissons, sont aujourd'hui loin de relever d'une garantie indélébile.

Prendre ou pas sa retraite ?

La question va se poser pour beaucoup de personnes de la génération X dans les « années 20 ». En effet, ceux qui sont nés dans les années 60 (début de la génération X, génération qui a suivi celle du baby-boom, déjà à la retraite), vont fêter leur sexagénat au cours de la décennie.

Pour eux, en France du moins, l'âge légal de départ à la retraite est à 62 ans. Partir à l'âge légal ne garantit pas d'obtenir pour autant une pension de retraite à taux plein si les postulants n'ont pas tous les trimestres requis. Cette condition de trimestres est cependant levée dès lors que le départ s'effectue à partir de 67 ans, âge du taux plein automatique.

La plupart des Français seront tentés par un départ à 67 ans, pour bénéficier de leur pension à taux plein. Seulement, ce calcul n'est peut-être pas le meilleur.

En effet, la courbe de croissance des pensions de retraite est totalement défavorable et cela ne va pas s'améliorer. Ces pensions augmentent nettement moins vite que les salaires, et même que les prix ! Alors que nous savons qu'il n'y a pas eu d'inflation ces dernières années.

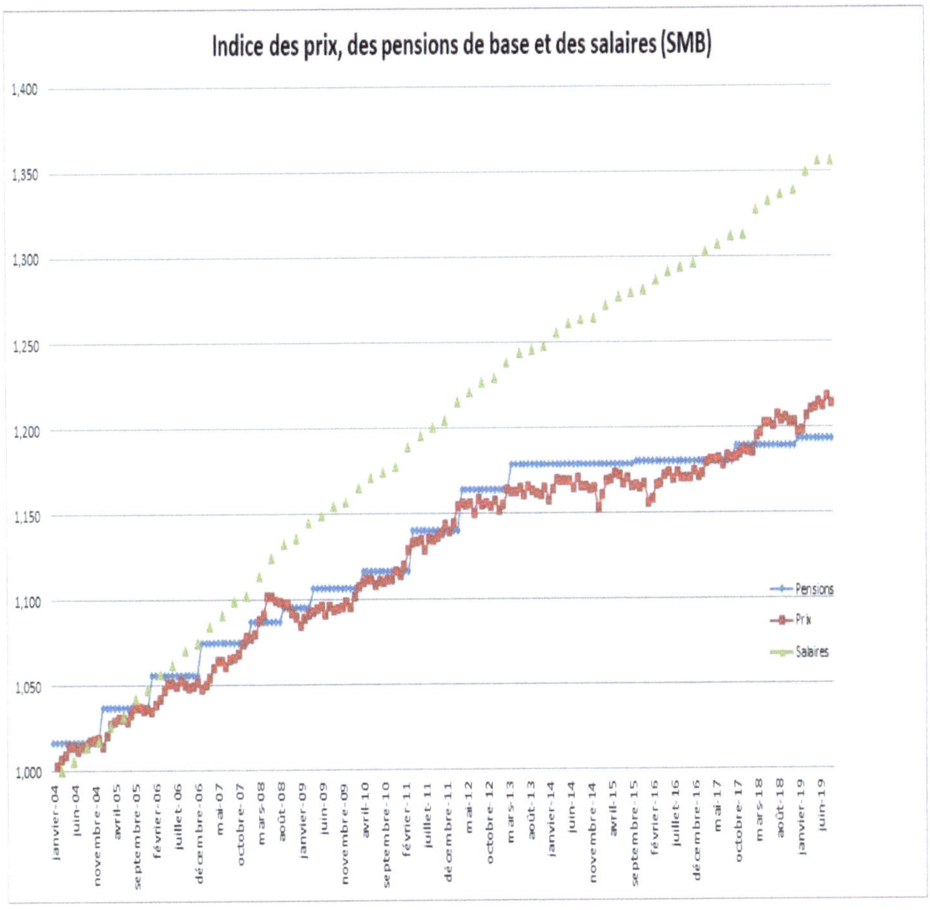

Source : CFDT retraités, www.cfdt-retraités.fr

Depuis 2013, ces pensions ne sont quasiment plus revalorisées. Et ont très peu de chances de l'être à nouveau, compte tenu du déficit et des difficultés budgétaires évoquées dans la première partie. Par conséquent, attendre cinq ans de plus, et liquider ses droits à 67 ans au lieu de 62 ans afin de bénéficier d'une revalorisation n'est pas un bon calcul. Attendre cinq ans de plus afin d'avoir l'intégralité de ses droits est un meilleur motif.

Mais, vu la baisse du pouvoir d'achat envisageable, et comme il n'est pas prouvé que la retraite permet de vivre en meilleure santé, une stratégie pour les personnes les plus entreprenantes, peut consister à liquider ses droits à la retraite dès 62 ans... Puis reprendre une activité soit libérale, soit entrepreneuriale. Cela permettra déjà de sécuriser une partie des pensions de retraite, d'en percevoir une partie, car ce qui est pris n'est plus à prendre. Le défaut est alors de devoir cotiser pour les autres, et non pour soi, mais c'est aussi un beau geste de solidarité, combiné avec une stratégie sécuritaire individuelle.

Se détacher du salariat

Comme cela a été indiqué plus haut, le modèle de l'emploi classique, du CDI à vie, a du plomb dans l'aile. Seuls les grands groupes industriels et financiers vont le proposer. Il sera réservé aux diplômés des grandes écoles, qui font « carrière dans une grosse boîte ». Des diplômés qui ne constituent qu'une petite partie de la population.

Sortir de l'Université, d'écoles plus ou moins secondaires, risque de plus en plus de mener au chômage ou à des emplois de sous-qualifiés ceux qui ne veulent pas prendre le risque d'entreprendre.

Mais entreprendre ne suffit pas ! Le nombre d'entrepreneurs ne fait que croître en France.

La France devient un pays d'entrepreneurs malgré ses freins idéologiques, ses réticences génétiques et sa fermeture culturelle au monde de l'entreprise.

L'année 2019 a vu un nombre record de créations d'entreprises avec 815 000 entreprises crées ! Soit une hausse de 40 % par rapport à 2009.

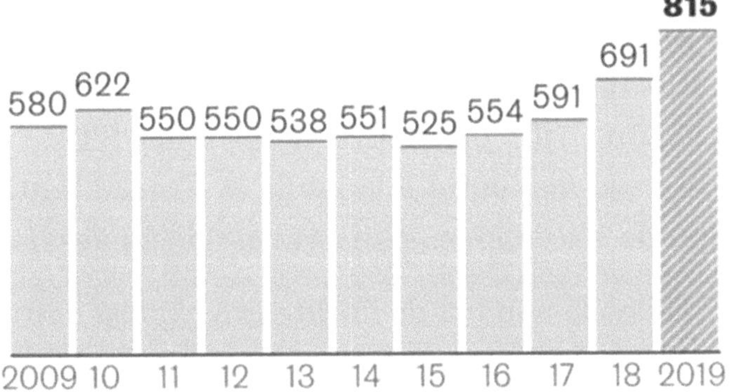

Source : INSEE

Le statut d'autoentrepreneur y est pour beaucoup. Près de la moitié des entreprises créées le sont sous ce statut.

Mais au-delà des primes, de la simplification des procédures administratives, ce n'est pas l'envie d'entreprendre qui motive la plupart des entrepreneurs, mais le manque de débouchés sur des parcours classiques sécuritaires à la française. Cette société du salariat à vie était déjà malade, elle va désormais être agonisante !

De plus en plus de salariés en ont pris conscience et cumulent déjà leur emploi avec une activité d'entrepreneur.

Être multicartes, afin de pouvoir absorber au moins en partie un choc économique, était déjà une tendance. Cela va devenir un must et les plus jeunes, voire même les quadragénaires, ont tout intérêt à s'y adapter et à l'intégrer. Ce qui n'est, je le conçois, pas facile pour la génération Y (les natifs des années 80 et 90), socialisés dans l'idéologie du CDI à vie, des 35 heures, des RTT… Une idéologie ambiante à laquelle la France tente encore de s'accrocher, mais qui est déjà passéiste.

Hélas le nombre de faillites va exploser en 2020 et probablement ne pas diminuer de suite, compte-tenu de la crise qui s'annonce. Mais les entrepreneurs, pour survivre, devront s'accrocher à leur projet et rivaliser d'ingéniosité. Ne pas utiliser internet aujourd'hui constitue un véritable handicap. La notoriété se construit et se déconstruit sur le Net et en particulier sur les réseaux sociaux.

Métiers porteurs pour les jeunes : les sciences, le bien-être, la rédaction, l'audiovisuel !

Dans une société où le langage SMS devient roi, où l'orthographe se délie et s'étiole, et où, paradoxalement, on n'a jamais autant passé de temps à lire, le fait de savoir écrire devient une denrée de plus en plus rare et donc appréciable.

Le web prend de plus en plus de temps dans nos vies. Cela était déjà le cas avant la crise sanitaire mais le deviendra encore plus dans le monde d'après.

Selon l'étude annuelle de Médiamétrie sur Internet en France, publiée par le JDN (Journal du Net) en février 2020, avec plus de 37,4 millions de mobinautes chaque jour, le smartphone est le premier écran pour se connecter au web. 40 % des internautes utiliseraient même exclusivement leur mobile pour se connecter.

Le phénomène, tant de la place du mobile comme moyen de connexion, que de l'évolution du temps passé sur le web, n'est pas hexagonal, il est mondial !

Selon une sérieuse étude américaine, réalisée par eMarketer.com, en 2020, le temps passé sur mobile dépasse pour la première fois le temps passé devant la télévision.

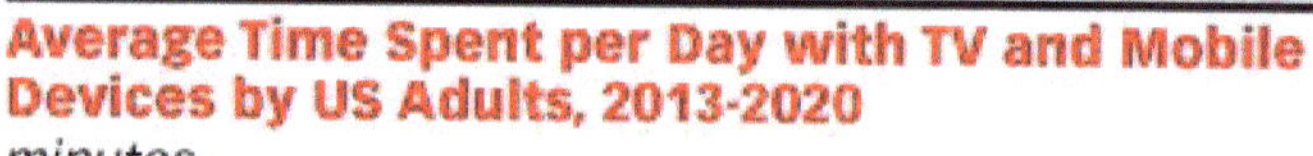

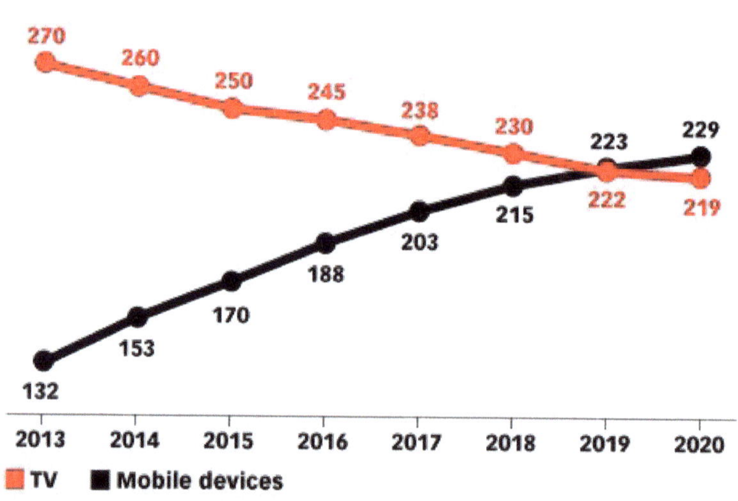

Bien sûr, le temps passé par les enfants et adolescents sur les jeux vidéo en réseau, est important, et pèse dans les chiffres, mais au-delà de cela, les sites internet, pour être attractifs, doivent fournir de plus en plus de contenus ; aussi bien du contenu écrit que du contenu audiovisuel. Aujourd'hui, pour qu'un article, quel qu'il soit, fut-ce une description, soit correctement référencé par les moteurs de recherche, le cap des 300 voire des 500 mots, doit être atteint, avec de strictes exigences de qualité orthographique. Quant aux vidéos, elles sont de plus en plus à la mode, de plus en plus utilisées pour vendre, et de plus en plus consultées.

Ainsi, savoir écrire, ou savoir réaliser du montage basique de vidéos, sont déjà et seront encore davantage demain des talents de plus en plus demandés. Pas forcément très bien rémunérés, mais vu l'appauvrissement général des capacités orthographiques chez les jeunes, l'offre de jobs finira par excéder la demande, ce qui fera fatalement monter les prix.

Cependant, à part les grandes entreprises, et les maisons d'édition, ce type de postes n'a pas vocation à être internalisé. C'est donc en autoentrepreneur ou en entreprise individuelle que ces métiers ont vocation à être exercés.

Et ce ne sont pas les plus diplômés qui s'en sortiront forcément le mieux. Avec toutes les formations en ligne, et en parallèle de la dévalorisation des diplômes, due à l'inflation de ces derniers, depuis une quarantaine d'années, **le diplôme sera demain moins important que le talent**. Un youtubeur connu et réputé, même sans diplômes, pourrait dès à présent, et encore plus demain, se faire mieux rémunérer et mieux désirer qu'un Bac+5 !

Sauf bien sûr pour des métiers sécuritaires comme : médecin, infirmier, pharmacien, qui resteront des valeurs sûres.

Sur un tout autre plan, comme cela a été abordé dans le cadre de l'introduction du présent ouvrage, être en vie et accessoirement en bonne santé, a pris le pas sur d'autres valeurs dominantes il y a quelques décennies ; tandis que la connaissance scientifique a pris le pas sur la croyance.

La crise sanitaire de 2020 ne va faire qu'amplifier cette tendance.

Les études scientifiques, qu'il s'agisse de sciences dures et surtout de sciences médicales et paramédicales, sont amenées à rencontrer des succès encore plus vifs qu'au cours des dernières années.

Tous les métiers relatifs au bien-être resteront hyperporteurs, surtout dans les grandes agglomérations.

L'industrie du bien-être à l'échelle mondiale génère un chiffre d'affaires colossal, estimé, selon un rapport du Global Wellness Institute, à 4 200 milliards de dollars en 2017, soit une hausse de 13 % en 2 ans, contre une hausse de 4 % par an précédemment. En France, l'on estime que ce secteur engendrait 2 milliards d'euros en 2018 et qu'environ 290 000 entreprises exercent dans ce domaine d'activité. La croissance devrait se poursuivre, alors que d'autres secteurs, comme les loisirs et le tourisme, ont été fortement impactés par la crise sanitaire.

CHAPITRE 3

STRATÉGIES D'ADAPTATION GÉOGRAPHIQUE

Cet ouvrage est publié en France par un auteur français. Et bien que d'autres francophones l'aient probablement entre les mains, la cible principale de son lectorat est française.

Est-il pertinent de quitter la France ? Faut-il faire quitter la France à son patrimoine ? Des questions récurrentes dans l'esprit de nombreux Français, y compris ceux qui ne veulent pas l'avouer.

L'expatriation : une tendance lourde

La France est à la fois un pays d'immigration et un pays d'émigration. Beaucoup d'étrangers viennent vivre sur nos terres, parfois acquérir la nationalité française, tandis que d'autres vont vivre ailleurs. Les deux mouvements ne sont pas antinomiques, ils sont au contraire la caractéristique d'un pays ouvert.

Le nombre de français inscrits sur des listes électorales à l'étranger a ainsi explosé depuis le début du siècle. Entre 2002 et 2017 ce nombre a été multiplié par 3.3, soit une augmentation de 230 % !

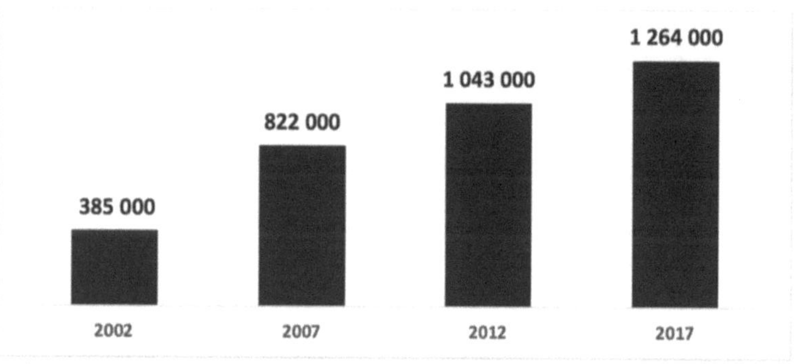

Évolution du nombre de Français de l'étranger inscrits sur les listes électorales

Source : Fondation Jean Jaurès - https://jean-jaures.org

Ces 1.26 millions de Français inscrits sur les listes électorales à l'étranger pour la présidentielle de 2017 ne représenteraient que la moitié des Français vivant à l'étranger, qui selon, le ministère des Affaires étrangères, serait de 2 à 2.5 millions.

Et la tendance n'est pas prête de s'inverser quand on se réfère aux intentions des jeunes ! Attention, le chiffre a de quoi choquer ! Selon une récente étude de l'institut Yougov (octobre 2018), pour TransferWise, relayée par Les Échos, 72 % des 18-24 ans envisagent une vie à l'étranger.

La plupart des Français qui émigrent ailleurs, gardent leur nationalité. En effet, les demandes de déchéance de nationalité sont très faibles. Lorsqu'elles résultent d'une demande de la part des intéressés, il s'agit d'une « libération des liens d'allégeance », envisagée à l'article 23-4 du Code civil. En pratique, seuls quelques dizaines de demandes par an sont accordées, mais le nombre de français expatriés demandant cela est faible également. La quasi-totalité des expatriés demeurant simplement résidents dans un autre pays, ou au pire des cas, optant pour la double nationalité.

Il faut dire que jusque-là, la fiscalité des Français résidents à l'étranger (au moins six mois par an), était celle du pays d'accueil. En 2019, la loi de finances avait réformé l'imposition des revenus français perçus par les non-résidents. Ces mesures entraînaient une forte hausse de l'impôt pour certains contribuables expatriés.

La Loi de finances pour 2020 a procédé à des aménagements et a reporté certaines dispositions dans l'attente de la publication d'un moratoire.

Bref, la situation est sur le point d'évoluer drastiquement.

La crise sanitaire et la crise économique en découlant, risquent de jeter un pavé dans la mare et d'aboutir à l'alignement une fois pour toutes de la fiscalité des non-résidents sur la fiscalité des résidents. Cela avait été évoqué par de précédents gouvernements, mais jamais mis en œuvre. Une telle mesure risque de faire exploser les demandes de résiliation de nationalité, mais il faut savoir qu'elles ne sont pas forcément acceptées.

Faut-il céder à la tendance... et où aller ?

Vouloir s'expatrier pour des raisons fiscales peut encore s'avérer être un choix judicieux, mais n'intéressant que les plus hauts revenus. Cependant, si on se projette dans le temps, la fiscalité des non-résidents sera de plus en plus lourde, d'abord en raison du besoin d'entrées fiscales, et ensuite en raison du nombre croissant d'expatriés. Appliquer une fiscalité d'exception n'est plus possible lorsque l'échantillon considéré ne relève plus de l'exception !

Par conséquent, la principale motivation à vouloir quitter la France ne doit pas, ne doit plus être purement fiscale.

Ceux qui souhaitent vivre dans un autre pays doivent asseoir leur désir sur des considérations autres que purement fiscales.

La crise sanitaire fut un très bon révélateur de la réaction très étatiste de la France ! l'État veille sur vous, l'État vous protège, l'État veut votre bonheur à votre place, et pour cela, l'État vous surveille, vous contrôle, vous sanctionne !

L'aspect répressif vient contrebalancer l'aspect protecteur, et vice-versa. Force est de constater, à la lecture du chapitre 5 de la première partie du présent ouvrage, que d'autres états se sont montrés plus répressifs et moins protecteurs. Mais pour autant, l'aspect protecteur de l'État français est déjà l'objet de nombreuses critiques, tout particulièrement pour ce qui concerne la qualité du soi-disant meilleur système de santé au monde.

La carte suivante montre le ratio de morts pour 100 000 habitants du COVID 19 par pays, au 4 juin 2020, soit en fin d'épidémie :

Source : John Hopkins University

La Chine n'est pas présente sur cette carte, car son système de comptage n'est pas considéré comme suffisamment transparent. On y remarque que le cœur de l'Europe (France, Royaume-Uni, Espagne, Italie) est particulièrement touché.

Cette carte est très différente, de celle publiée un an avant la pandémie, concernant la préparation des différents pays à une épidémie d'envergure :

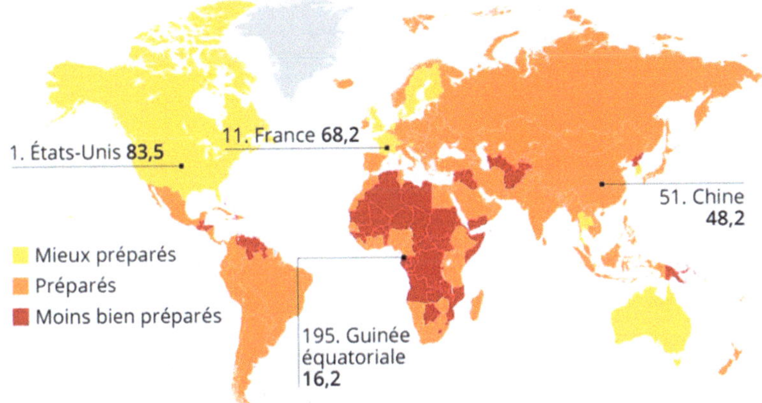

La France et le Royaume-Uni étaient censés être mieux préparés à une pandémie que l'Allemagne par exemple !

Les chiffres de la mortalité du COVID 19 pour 100 000 habitants (au 4 juin 2020) sont consignés dans le tableau suivant, et sont mis en rapport avec la pression fiscale :

PAYS	MORTALITÉ COVID	PRESSION FISCALE
Belgique	83	43.9
Royaume-Uni	62	33.5
Andorre	60	*
Espagne	55	34.4
Italie	54	42.1
Suède	46	43.9
France	43	46.1
Pays-Bas	35	38.8
Irlande	33	22.3
États-Unis	33	24.3
Suisse	23	27.9
Canada	22	33.0
Luxembourg	19	40.1
Portugal	13	35.4
Monaco	13	*
Allemagne	11	38.2
Danemark	10	44.9

Source : John Hopkins University (COVID) et OCDE 2018 (pression fiscale, exprimée en % du PIB)

*La pression fiscale en Andorre et à Monaco ne fait pas l'objet de publications officielles, mais devrait se situer autour des 20 %

L'Amérique du Sud ne figure pas dans ce tableau car au 4 juin 2020, l'épidémie n'est pas en fin de vie, mais bat son plein. Les chiffres ne seraient donc pas quasiment définitifs comme ils le sont pour les pays figurant dans ce tableau (bémol pour les États-Unis, dont la pandémie recule début juin mais n'est pas quasi terminée). Donc la base de comparaison ne serait pas efficace.

Les pays apparaissant en gris sont ceux qui ont pratiqué un confinement autoritaire et policier.

Plus que le simple critère fiscal, le critère d'efficacité fiscale peut être partiellement révélé par ce tableau. Du moins dans sa dimension sanitaire. Les pays où la pression fiscale est la plus élevée, ne sont pas ceux obtenant les meilleurs résultats sur la pandémie du Covid-19, au contraire ! En revanche, les pays avec une pression fiscale élevée ont pu se permettre davantage le confinement autoritaire. D'une part car ils ont plus de moyens à allouer aux forces de l'ordre, et d'autre part car les populations ont l'habitude de ployer sous la puissance de l'État.

La conjugaison du critère d'efficacité sanitaire face à une crise, de celui de pression fiscale, et de celui relatif aux libertés individuelles, apparaît en définitive dans ce tableau, qui peut constituer une piste de réflexion pour une mobilité géographique éventuelle. Chacun se fera son propre avis.

La mobilité géographique des avoirs financiers est-elle possible ?

Il n'est pas forcément aisé de changer de pays, de partir vivre ailleurs ! Mais il est plus facile d'expatrier son patrimoine.

Bien sûr, cela est possible. Cela peut se faire, et doit se faire dans un cadre tout à fait légal.

L'article suivant, à découvrir via ce QR code, est très explicatif sur le sujet :

L'expatriation d'une partie de son patrimoine peut être justifiée par les différents éléments liés à l'incertitude économique développée au cours du chapitre 3 de la première partie du présent ouvrage.

Bien que la faillite d'une grande banque française paraît peu probable, il faut savoir que si elle advenait, une partie de l'épargne pourrait être ponctionnée.

La fameuse loi Sapin 2 votée en novembre 2016 a ravivé à l'époque les inquiétudes de nombreux épargnants sur la disponibilité réelle de leurs assurances vie en cas de crise. Aujourd'hui, elle ne fait plus la une de l'actualité mais pourrait très vite revenir à l'honneur en cas de soucis macrofinanciers. Cette toi dote le Haut Conseil de stabilité financière (HCSF) du pouvoir de bloquer ou de restreindre les rachats sur les contrats d'assurance vie. Si cette faculté de blocage est réservée à des circonstances exceptionnelles, aucune distinction n'est faite dans la loi entre fonds euros et unités de compte. Les mesures d'exception sont, par définition, difficiles à prévoir, et leurs modalités d'application pratique inconnues avant l'heure. Dans ce contexte, anticiper en disposant dès aujourd'hui d'une épargne qui ne serait pas « blocable » par le HCSF peut sembler pertinent.

Mais comment atteindre cet objectif sans renoncer aux avantages fiscaux et patrimoniaux de l'assurance vie ? Confier une partie de ses capitaux à un assureur établi hors de France peut sembler judicieux, dans une optique de diversification. Car, à l'étranger la Loi Sapin ne s'applique pas, le blocage décrété par les autorités françaises ne peut concerner que les assureurs établis en France.

Faire migrer un contrat d'assurance vie à l'étranger est parfaitement légal, sous réserve de ne pas oublier de mentionner ce contrat lors de sa déclaration d'impôts, et cette subtilité est déjà largement pratiquée par les épargnants français les plus avertis ou les mieux informés.

Reste alors à sélectionner un pays stable, avec une réglementation protectrice, et dont les compagnies savent gérer efficacement les contrats des investisseurs non-résidents.

Le Luxembourg s'est imposé comme la destination naturelle pour les épargnants français. Le Grand-Duché dispose en effet de son propre régulateur, le Commissariat aux Assurances, qui n'est pas soumis aux décisions du HCSF français. En termes de sécurité des avoirs, l'assuré dispose en outre au Luxembourg d'un « super-privilège » plus protecteur que le statut de simple créancier, que lui accorde la réglementation française.

TROISIÈME PARTIE

VISIONS DE JEUNES...

OU

La parole est donnée à la génération Z

L'auteur du présent ouvrage est natif de la génération X, celle née entre le début des années 60 et la fin des années 70.

La génération Y concerne les natifs des années 80 et 90.

La génération Z concerne les natifs des 20 premières années du siècle actuel.

L'auteur a voulu donner la parole à des adolescents, qui vont participer à construire le monde de demain…

Une parole, une vision, celle d'un monde dans lequel ils vont faire leurs premiers pas d'adultes… Et cet ouvrage est l'un des rares qui donne la parole à cette génération.

VISION DE THOMAS ANDRIEU, NÉ EN 2003

Auteur de « 2021, prémices de l'effondrement », dans la même collection :

Le scénario parfait ! C'est lui que nous respectons mieux que jamais. Nous réagissons et avons réagi au passé au même titre que le futur réagira à l'infinité de conséquences du passé. Et s'il faut bien dire une chose, c'est que ces conséquences-là, celles d'un monde aveuglé par son propre reflet, vont jouer contre le monde d'avant.

J'ai bien peur que les éléments se mettent à jouer contre nous. Que les décennies à venir soient les douces prémices d'une de ces grandes crevasses de l'Histoire de l'Humanité. Personne ou presque ne croyait à l'effondrement de notre modèle étatique et social en 2019 sur lequel j'ai rédigé des centaines de pages dans mon livre « 2021, Prémices de l'effondrement ». En 2020, c'est une certitude pour la quasi-totalité des personnes. Effondrement au sens du changement, pas de la disparition... Un changement qui précipitera le début de la fin de ces trois siècles de fondation de Démocratie et de Capitalisme.

Une nouvelle idéologie d'état

Notre avènement est le résultat de l'affranchissement progressif des peuples. Tout commence à la Renaissance, quand la peste noire termine ses ravages, l'économie repart et le progrès devient exponentiel. Le développement du crédit et de la masse monétaire a mené à l'émergence du Capitalisme et son dérivé idéologique, les Lumières, au début du XVIIIe siècle. Il a provoqué le plus grand développement jamais atteint. Notre progrès a été exponentiel pendant des dizaines de décennies. Mais voilà : la tendance ralentit et les éléments externes se multiplient. Le XXe siècle a été celui de l'émergence ultime de l'Occident. Un siècle de croissance suffit pour surpasser des milliers d'années de croissance. Avec la fin du XXe siècle, l'Occident veut se reposer sur ses acquis : c'est la naissance du Capitalisme d'État, la gradation du socialisme.

L'idéologie communiste a émergé avec la crise de 1848 et de lourdes protestations. Le cycle idéologique d'État a ensuite culminé en 1934 avec l'avènement du socialisme à travers de lourdes protestations. Cycliquement, le cycle devait donc culminer en 2020 ! Car oui, 2020, c'est la fin du socialisme, la fin du capitalisme d'État. Et cette fin du Capitalisme d'État sera perceptible après le début de la tempête, en 2021. Bienvenue dans une nouvelle ère ! Une nouvelle idéologie d'État émerge sous nos yeux ! Mais cette fois-ci, 2020 marquera le début d'une ère qui sera bien plus volatile que toutes les autres. Car nous approchons dangereusement ce que nous pouvons cycliquement appeler : un pic hypercivilisationnel. Un pic où la concentration en capitaux dans l'espace et dans le temps arrive à ces maximums. Un pic où l'excitabilité des esprits est telle que le moindre élément perturbateur fait tout chavirer.

Alors que le Capitalisme arrive à une intensité maximale, les gouvernements réagissent en devenant de plus en plus agressifs pour remédier aux éléments externes qui s'accumulent, et le plus proportionnellement du monde, tenter de maintenir l'ordre, qui devient donc leur ordre ! Par cela même que les mesures punitives gouvernementales participent à réduire le progrès du Capitalisme. Mais il arrive un moment où l'action publique bloque l'action privée, et où le processus s'inverse. Là encore, nous respectons le cycle de la puissance à la lettre près. Aucune puissance n'a échappé à ces règles, ne vous y trompez pas, nous n'y échapperons pas !

Jusque-là, l'Europe s'est imposée par sa cohésion entre puissance économique, politique, scientifique, militaire et financière et par son pouvoir d'achat. Mais ce privilège, cette capacité à gagner plus en travaillant moins, à se reposer sur les actifs qui ont été acquis, implique une demande vers l'extérieur.

Alors, pas trop d'espoir !... La croissance éternelle n'existe pas et n'existera jamais. Au même titre que ce territoire s'est développé au détriment des autres, il arrive un moment où l'énergie/ la concentration en capital se transfère vers d'autres territoires. C'est ce que l'on pourrait appeler la compensation du capital. En d'autres termes, des déficits graduels font leur apparition sous l'illusion d'une puissance éternellement stable. Ces déficits sont privés du fait de la chute de la compétitivité et de la productivité (un travail plus cher et de plus faible quantité), mais aussi publics, du fait de la nécessité de compenser la perte de puissance en financement militaire, social, politique… Ces déficits traduisent dans de nombreux exemples historiques une création monétaire (ou dégradation) abusive.

Les dettes s'accumulent alors comme jamais auparavant, et la bulle en capital, qui a déjà montré des premiers signes de faiblesse quelques décennies antérieurement, commence à vaciller lourdement.

2020 sera donc bien un retournement idéologique d'État !... L'explosion de l'endettement public précipite la conséquence ultime : l'austérité future. Le problème actuel est que certains pays ont une pression fiscale qui approche des 50 % du PIB. Aucun système hyper-étatisé ne pourra soutenir une nouvelle vague d'austérité massive pour rembourser des dettes largement supérieures aux capacités de remboursement sans roulement de ces mêmes dettes. Comme presque à chaque fois dans cette situation, le dilemme étatique se traduit par une dévaluation de la devise ou, moins souvent, un défaut. À ce moment précis, l'instabilité de l'État remet en question le système. Autrement dit, les peuples s'attendaient aujourd'hui, et à juste titre, à ce que les promesses de retraites, d'aides ou de projets en tous genres soient tenues. Mais les États sont condamnés au piège éternel, et ne peuvent ni honorer leurs dettes, ni les promesses faites pour justifier leur autorité. Quand l'instabilité de l'État se traduit par l'instabilité d'une économie étatisée, les agents économiques s'opposent ou s'interrogent sur le système en place. Une nouvelle idéologie d'État est alors en train de germer. L'État qui avait jusque-là imposé sa place dans l'économie sans aucune limite, se retrouve piégé alors que les agents perdent leurs repères idéologiques. À chaque fois que l'État est en difficulté, la volatilité idéologique explose. J'entends par là de forts changements, ou fortes apparitions idéologiques qui peuvent prendre effet en un temps assez court et avec de profondes conséquences sociétales.

La volatilité idéologique se produit généralement en situation de tension économique. Par conséquent, les plus forts retournements idéologiques se produisent généralement quand l'endettement, tant privé que public, est graduellement insupportable. Le dernier retournement idéologique majeur, fut durant l'entre-deux-guerres, et en particulier le début des années 1930. Économiquement, cette volatilité idéologique se traduit par d'intenses inflations ou déflations, qui alimentent les idéologies les plus virulentes. Et quand une civilisation est soumise à une forte volatilité idéologique, le sang ne tarde pas à couler... Que ce soit des années ou des décennies après.

Ainsi, si le système arrive à soutenir l'endettement, nous ne sommes donc pas à l'abri d'une hausse extrêmement importante des dettes publiques comme ce fut le cas durant l'entre-Deux-Guerres. Cette hausse de l'endettement a provoqué une hausse de l'inflation, à l'exception de la Grande Dépression de 1929 qui a traduit des défauts fondamentalement déflationnistes. De toute évidence, nous approchons d'un point où le risque de forts mouvements monétaires est graduellement plus haut pour faire face à des dettes graduellement plus lourdes et menaçantes.

La fin d'une ère

Depuis maintenant 75 ans, aucun évènement majeur n'avait affecté des continents entiers. Plus de guerres, plus de maladies... En clair, la prospérité accrue s'est faite au prix de déficits exponentiellement plus hauts et d'une absence remarquable d'éléments externes. La mort frappait de plus en plus loin en âge quand bien même la vie est devenue la seule idée possible. Le confinement, c'est bien plus qu'un choc sanitaire, c'est avant tout un choc idéologique... Le temps de prendre conscience que l'utopie était très probablement en nous.

Là encore, la vague démographique inégalée des babies boomers a poussé et pousse à une bulle, au sens financier du terme, sur la santé, ce qui explique l'importance qu'on lui accorde.

Mais en 2020, pour contrebalancer l'idée de la mort, cette utopie sur la vie s'est transférée en une utopie nouvelle génération. **Avec cette crise, l'opinion publique a fait de la science une religion !** Et je crois que c'est le pire des maux qui pouvait arriver à la science. La science est devenue, au niveau idéologique, un dogme anticapitaliste, anti-financier, voire déjà avant, pro écologiste. Les nouvelles idéologies raflent dans leur passage ce qui avait fait le rayonnement de notre société : coordination entre croissance économique, sanitaire, sécuritaire. Là encore, la science, et peut-être pour la première fois de son histoire, devient une arme politique. Reflet parfait du changement idéologique qui prend effet. Là encore, encourager le déclin économique de demain, provoquera la catastrophe sanitaire d'après-demain.

Serait-il trop compliqué de voir que notre progrès ne cesse de ralentir décennie après décennie, laissant présager le plus simplement du monde, une inversion de tendance ?

Pour ceux qui n'osent pas encore affronter la réalité de l'intrigue historique, j'insisterais en vous conseillant d'étudier en détail les années 160 de notre ère, tant en Chine qu'en Europe. Il y a de fortes chances pour que ce soit notre symétrique temporel hypercivilisationnel, et les similitudes vous troubleront. 160 a été la fin d'année de prospérité et le début d'une longue saga monétaire, climatique, démographique, sanitaire… Bref, les prémices classiques de l'achèvement de l'apogée.

C'est quand les dettes commencent à devenir insupportables, quand la monnaie est presque hors de contrôle, par obligation d'en créer ou de la dégrader, et enfin que la croissance économique ne repart plus, ou difficilement (principalement pour des raisons démographiques, sanitaires et naturelles), que s'amorce lentement le déclin. Cela implique donc un éclatement de la bulle en capital, et les territoires étrangers, comme la population du territoire en question, perdent généralement confiance en la monnaie et surtout envers la puissance de marché (actifs financiers, échanges…). Le système politique et la population sont alors sous tension, et des mouvements d'opposition, qui avaient déjà fait leur apparition simultanément à l'apparition du déficit, prennent une place prépondérante. La corruption gagne donc du terrain d'un côté alors que de l'autre, les oppositions s'enracinent. C'est ce que l'on appellerait aujourd'hui le populisme ou l'extrémisme. C'est en réalité la conséquence d'un système économiquement à bout de souffle. En conséquence, oppositions ou non, les mesures punitives sur le capital, déjà existantes avec l'apparition du déficit, se multiplient alors que les tensions entre pauvres/riches explosent. Comme j'en ai parlé dans mon livre « 2021, Prémices de l'effondrement » : « le secteur public revient à la charge ». En réalité, c'est là aussi un effet de compensation. Le seul moyen de maintenir l'ordre dans une puissance qui se divise est d'augmenter la puissance de l'État. Réciproquement, on pourrait dire que dès que l'État peut monopoliser et prendre du pouvoir, il le fait (ce qui est donc particulièrement vrai dans des périodes de divisions). Ces mesures punitives sur le capital, cette baisse de confiance, cette hausse de la puissance publique, provoque la conséquence ultime : la déconcentration du capital.

Voilà donc que le territoire a perdu sa capacité productive et le pouvoir devient progressivement autocratie. Le pouvoir se concentre, et la ou les population(s), plus faibles, se soumettent à l'État. Dans le même temps, l'émergence d'une puissance étrangère, qui bénéficie de la chute d'autres territoires, ou la dégradation complète de la situation pour les puissances existantes, fait apparaître des tensions géopolitiques. Simplement car plus les flux de capitaux sont instables, et plus ils provoquent de l'instabilité, plus les tensions entre perdants et gagnants économiques va bientôt se traduire en tensions entre gagnants et perdants militaires. L'État maintient alors toujours des dépenses excessives (armées, social…), ce qui aggrave la situation de la population et ainsi de suite…

La démographie va indubitablement jouer contre nous, les dettes vont alors jouer contre nous, l'activité solaire jouer contre nous, et donc les maladies vont jouer contre nous, la production agricole va jouer contre nous. Autant de facteurs qui feront que les idéologies vont jouer contre l'avènement de l'Humanité, les systèmes sociaux vont jouer contre nous, l'activité économique va jouer contre nous. Bref, le processus de déconcentration des capitaux dans le temps et dans l'espace.

2020, ce sera aussi le début d'une perte de contrôle qui à terme, deviendra totale. Une perte de contrôle monétaire, fiscal, juridique, social et financier. Cette perte de contrôle est systématiquement compensée par l'augmentation du pouvoir de l'État, qui tente alors de reprendre le contrôle. Mais en imposant son action, il arrive un moment où l'État se piège, et bloque l'ensemble du système. À ce moment-là, la confiance envers les gouvernements s'effondre. La devise, qui a graduellement été dégradée et progressivement accaparée par l'État en la confisquant à son peuple, pour permettre le monopole public, s'effondre alors à son tour. À partir de là, les échanges sont affectés, les actifs chutent en valeur, la finance s'effondre alors que les sentiments anti-financiers se généralisent. En clair, le déclin, parfois ponctué de chocs hyperinflationnistes, annihile la société en question au bout de plusieurs décennies, de plusieurs siècles.

Mais ce que je vous décris est loin d'être une nouveauté ; c'est un processus qui s'est inlassablement répété. Et il est évident que nous ne pouvons pas lutter contre de tels processus qui n'engagent pas la décision des hommes, mais leurs instincts collectifs et atemporels. Aujourd'hui, nous en sommes à ce point précis d'achèvement de l'apogée. Simplement car le progrès a véritablement commencé à ralentir à la fin des années 1970. Mais le ralentissement Occidental a permis le boom asiatique. Les pays asiatiques on cet avantage démographique phénoménal : celui d'être en retard par rapport à l'Europe…

Sans les baby-boomers occidentaux, il n'y aurait jamais eu ce boom démographique dans des pays comme la Chine, l'Inde ou le Brésil. Justement car aucun flux de capitaux suffisamment intense pour permettre ce boom n'aurait été possible sans les baby-boomers. En d'autres termes, les pays émergents ont un avantage graduel face à un Occident en déclin. L'Europe sera probablement le premier territoire à achever son apogée… Et comme j'en ai parlé dans mon livre « 2021, Prémices de l'effondrement », c'est sur cette décennie-là que les choses vont mal tourner pour l'Europe. Entre dettes irrécouvrables, rendements extrêmement faibles, monnaie abusive, pic démographique, monopole étatique, mesures punitives sur le capital… Toutes les conditions sont réunies. Il ne manquait plus qu'un élément déclencheur comme il est souvent habituel de trouver dans ce contexte historique : un virus…

Et contrairement à de nombreux exemples historiques, ce virus n'avait pas besoin d'une mortalité de 10 %, 15 %, 30 % voire même 40 %… 1% suffit largement ! Puisque la récession n'a cette fois-ci pas pour cause la mortalité mais la décision politique qui découle de la peur de cette mortalité.

Force est de constater que la synchronisation parfaite, entre les catastrophes naturelles, démographiques ou sanitaires et le cycle économique est éternellement stupéfiante. Souvent aussi, le virus peut être substitué dans cette synchronisation par de l'activité volcanique, une chute des températures (qui sont donc antérieurement et cycliquement élevées), ou encore des catastrophes naturelles en tous genres, ou bien des guerres. Tous ces éléments ne sont pas interdépendants. Et j'insisterais sur le risque d'activité volcanique pour notre société. Car oui, certaines éruptions sont équivalentes à des pandémies à très fort taux de mortalité sur des continents entiers (voir éruption du Laki en 1783). J'ai bien peur que nous soyons également désarmés face à ce risque, car la dépendance à l'alimentation est aussi forte que pour nos ancêtres.

Troubles économiques

Nous sommes malheureusement dans une économie de Ponzi. C'est-à-dire une économie qui fait du crédit pour rembourser du crédit.

Le principe de la pyramide de Ponzi est expliqué dans l'article suivant :

Cette pyramide grossit jusqu'au fameux « moment Minsky ». Et au fur et à mesure que le poids des dettes augmente, la nécessité d'en avoir plus est importante. La pyramide de Ponzi pousse généralement à augmenter l'insolvabilité, à augmenter la pression déflationniste et, en conséquence, à limiter la croissance. Dans ce cas-là, c'est l'économie de coma : croissance zéro.

C'est exactement ce que nous observons depuis la fin des années 1980 : la dette n'a pas stoppé sa progression alors que la croissance et l'inflation ont perpétuellement été plus basses. Cette pyramide a essentiellement été portée par les États, qui, dans les années 1980, étaient réputés comme de très mauvais payeurs. Alors que le marché obligataire était au plus bas, les rendements ont attiré de nouveaux investisseurs. Rapidement, les États ont utilisé la loi et l'inconscient collectif dans leur intérêt. Les obligations sont alors devenues « sécurisées » dans l'inconscient collectif en seulement quelques décennies ! Les dettes au sens large ont explosé alors que, rappelons-le, les dettes publiques sont les plus insolvables à terme.

À partir de 2000 et surtout de 2008, l'économie de Ponzi n'a jamais été aussi vraie. De plus en plus de dettes sont créées pour rembourser de plus en plus de dettes !... Et forcément, dans ces conditions, il faut que les banques centrales dégonflent un peu la pyramide pour retarder son éclatement et éviter l'effondrement systémique en diminuant les dettes en circulation (QE). Et plus les déficits sont grands, plus les dettes s'accumulent, plus la création monétaire s'accélère. L'économie de coma devient alors une réalité. C'est le processus naturel de la puissance. En effet, le libre marché disparaît alors que les grandes institutions jouent sur l'illusion de la valeur à l'insu de ceux qui créent cette valeur. La disparition du libre marché, ne vous y trompez pas, c'est la manifestation évidente d'une perte du pouvoir de marché ! Ce par quoi sont passées de nombreuses puissances commerciales avant de décliner.

Cette pyramide de Ponzi persiste jusqu'à l'avènement d'un élément déclencheur. La récession qui en découle provoque alors un dégonflement de la bulle des actifs alimenté par l'assouplissement de la pyramide de la part des banques centrales. Cette récession implique donc, comme pour la majorité des récessions, une déflation massive sur les actifs. Les devises connaissent alors un regain d'intérêt quand bien même la création monétaire atteint des records historiques pour éviter l'éclatement de la bulle. On fait largement plus de dettes pour soutenir plus de dettes qui menacent d'insolvabilité en récession. Alors que l'utilisation de ces devises (vélocité) chute, la masse monétaire (quantité de devises) explose.

Voilà donc ce que le coronavirus peut nous laisser présager :

La récession a provoqué une augmentation phénoménale de l'insolvabilité sur les dettes, en particulier publiques. Par ailleurs, la récession prépare lentement une inflation de pénurie, majoritairement expliquée par la situation de sous-investissement présente sur de nombreuses matières premières. La déflation qui augmente le poids des dettes, pousse les États dans de lourdes difficultés budgétaires. Ces difficultés poussent la valeur des obligations d'États à la baisse, si ce n'est dans un véritable gouffre en cas de défaut. Si les États n'arrivent pas à tenir face à ces tensions budgétaires, la pyramide de Ponzi a de très fortes chances d'éclater. Si elle n'éclate pas, alors il y a de fortes chances que cette décennie soit une économie de coma pour l'Europe au même titre que le Japon après la bulle de 1989.

En d'autres termes, quand la quantité de devises imprimées est historiquement plus importante, quand l'utilisation de la monnaie est au plus bas, il y a l'émergence du risque d'inflation, qui peut se manifester quelques mois après le retournement obligataire, comme des décennies après dans le cas d'une inflation à deux chiffres ou plus... En effet, la quasi-totalité des hyperinflations proviennent de la chute de confiance envers les gouvernements. Cela s'explique par l'éclatement de la pyramide de Ponzi qui prend effet à ce moment-là. Moment où le système s'affranchit brutalement d'une pression déflationniste avec une devise sans valeur. Dans ce contexte-là, les agents vont accélérer la circulation de devises pour remédier à la crise monétaire découlant de la crise de confiance. Ils dépensent alors aussi vite ce qu'ils reçoivent pour remédier à la chute de valeur de la devise. L'hyperinflation annihile le poids des dettes, la pyramide de Ponzi s'autocorrigeant. Sur les prochains mois, et surtout les prochaines décennies, nous faisons face à une augmentation graduelle du risque de forte inflation, puis d'hyperinflation.

Autrement dit, la déflation massive actuelle fait courir un risque d'élément déclencheur vers une inflation de pénurie (portée par la diminution de l'offre), encouragée par une inflation par les coûts. Cela traduit un risque de stagflation sur lequel j'ai mis en garde avant l'apparition du coronavirus dans mon livre. Ensuite et à plus long terme, le risque d'hyperinflation est non négligeable. À ce risque d'hyperinflation, se pose la question monétaire, en particulier pour l'euro. Le risque de crise monétaire a de fortes chances d'atteindre des sommets en 2021-2022 pour l'euro.

À long terme, si ces dettes n'entraînent pas l'instabilité immédiate, il y a de fortes chances de se retrouver dans une économie de coma, où le poids déflationniste est tel que le seul moyen pour le système de palier à ce problème est de créer de l'inflation. En clair, la hausse de l'endettement à long terme qui menace pose le problème de l'instabilité économique. Les dettes sont un levier évident au développement, elles sont aussi un levier au déclin quand les éléments externes se multiplient et que la perte de contrôle devient graduelle.

Troubles politiques et étatiques

Depuis les années 1980, au fur et à mesure que la croissance ralentit, les pouvoirs publics compensent par une extension des pouvoirs de l'État afin d'éviter les externalités négatives de ce même ralentissement. Depuis le début du XXe siècle, les pouvoirs publics ont pris un pouvoir graduel. En 2020, la France à un PIB qui dépend à plus de 60 % des dépenses publiques.

Le pouvoir de l'État est devenu tel, qu'un changement d'idéologie d'État peut tout précipiter. Autrement dit, le modèle étatique actuel a de très fortes chances de s'effondrer, principalement à travers le retournement obligataire auquel nous devrions assister sur les prochaines années. Cela ne pourra conduire qu'à une profonde dégradation de l'état du pays, qui nécessitera la naissance d'un État non pas providentiel et doux mais autoritaire et violent. Les Français par exemple n'accepteraient pas un système libéral, capitaliste, démocratique. Les Français ont été précurseurs dans leur quête de liberté, ils seront très probablement précurseurs dans la perte de celle pour qui ils se sont sacrifiés. C'est malheureusement le cycle idéologique de plus de trois siècles qui impose sa dure et répétitive loi. Et nous approchons de la naissance d'une idéologie en réponse à celle des Lumières. Il faut donc le dire, il y a de fortes chances pour que 2020 soit la date qui précipitera la fin du triomphe du Capitalisme et de la Démocratie, aussi étatiste qu'elle fut sur ses fins.

Mais ce n'est que plus d'une décennie après que nous verrons un vrai changement par rapport à l'avant 2020. Quand très probablement, l'Amérique du Nord, rejoindra l'Europe. À ce moment-là, il sera plus que jamais le temps de profiter de l'apogée et de la fin d'émergence asiatique. La Chine suivie de l'Inde et du Brésil, et probablement de l'Afrique après eux, seront la réponse évidente à l'apogée Occidentale. Nous n'oublierons également pas de parler de la valorisation des matières premières qui va prendre effet sur ces prochaines années, et qui risque d'être en grande partie portée par ces nouveaux géants de la démographie (et donc de l'activité économique).

2020 pourrait donc se définir en Europe comme le début de la fin de l'État providence qui a prédominé graduellement depuis l'entre-Deux-Guerres. Cet État Providence a de fortes chances de se transformer en ce que j'appelle : l'État censeur ! Les censeurs étaient des magistrats romains chargés de contrôler les mœurs, le tout à travers un pouvoir absolu. Il y a de fortes chances pour que l'État contrôle les mœurs dans cette nouvelle ère qui pointe. Simplement car les peuples réclament l'action de l'État en opposition à un capitalisme qui a été odieusement bafoué par les politiques étatiques providentielles. Encore une fois, l'État providentiel est un État où le peuple est dépendant de l'État. L'État censeur est un État où le peuple est soumis et dépendant de l'État. Dans ce système politique où le peuple est dépendant, chaque élément positif ou négatif s'explique par l'action de l'État...

Le coronavirus a de loin permis de franchir le seuil psychologique de la soumission. Et c'est le cycle idéologique d'État d'une civilisation : de l'indépendance, à l'influence, à la dépendance avant d'arriver dans la soumission morale.

L'État Providence a transformé l'intérêt général dont fut en charge l'État en intérêt public. J'ai bien peur que l'État censeur risque de transformer l'intérêt public dont il serait initialement en charge en intérêt étatique pur. L'intérêt du peuple sera l'État. Et le peuple ne sera plus dans l'intérêt de l'État. Par contre, la condition de la nature, de la situation sociale ou sanitaire du pays, sera l'intérêt de l'État. C'est cette non-réciprocité des intérêts, qui ne pourra qu'être la source de restriction des libertés.

Liberté, propriété, progrès… Encore ?

La Peste noire, qui est apparue en Chine avant de frapper l'Europe, quand il n'y avait encore presque aucune forme de mondialisation, avait pour bouc émissaire Dieu, les juifs ou les sorcières. Le Covid-19 a pour bouc émissaire la mondialisation et le libéralisme. Mais serait-il trop compliqué d'expliquer à des êtres humains leur interdépendance ?... De leur expliquer que 67 millions de français ne pourront jamais produire autant que 7,5 milliards d'humains ?!...

Le but du progrès humain est de réduire notre probabilité d'extinction en mettant en commun nos forces dans l'intérêt de chacun avant tout. Et avec un progrès accru, qui se dérive en un développement de la médecine et de la recherche ; une pandémie n'est qu'un obstacle, et non un rempart moyenâgeux !... En d'autres termes, le but de notre progrès n'est pas de dégrader notre niveau de vie sous prétexte d'éviter lâchement une pandémie (ou une hausse des températures pour d'autres). Les obstacles on ne les laisse pas défiler lâchement ! Les obstacles, on les anticipe, on les contrôle, et on les affronte ! Et cela n'est possible qu'avec une société économiquement puissante, une société avec une véritable cohésion, une société qui a un objectif commun, une société avec une stabilité idéologique et sociale. Le seul moyen d'avoir toutes les chances de remporter le combat, c'est d'avoir une puissance suffisante pour faire face à l'ennemi !... Avoir une armée tétanisée chez elle pendant des mois à attendre la dégradation de son niveau de vie est uniquement bon pour les pays faibles !...

Mais le pire dans toute cette histoire, c'est que le libéralisme est vécu comme la source de tous les maux... Et je crois que c'est le pire des maux qui pouvait arriver à une société qui achève son apogée. Quand une société ne comprend plus ce qui a fait sa puissance, quand une société ne comprend pas ce qui a fait sa cohésion, quand une société se laisse aller à la dérive idéologique, sociale et politique, quand une société perd son idéal, quand une société n'a simplement plus de raison d'être, quand une société en est à ce point précis : elle tombe en lambeau !

Cette société-là, en plein détournement de ce qui a fait son rayonnement, a de fortes chances de finir sa course sur un enchaînement d'obstacles. Qu'elle le veuille, ou non. Les idéologies sont en pleine mutation... Et il y a de fortes chances pour que, de cette mutation-là, naisse un virus bien plus meurtrier...

Alors à titre personnel, et malgré la volatilité idéologique qui s'annonce, je tiens encore à la liberté, à la propriété, et au progrès économique.

Ces valeurs et idéologies sont non seulement profondément influencées par les Lumières, mais en complète opposition aux valeurs du reste de ma génération. Je l'assume : je suis libéral, capitaliste, et en faveur de l'expression pleine et entière de la volonté politique de peuples libres, la démocratie. Bref, je représente ce qu'un nombre croissant de personnes blâment et pensent être l'origine de tous les maux. Et ce qui me peine le plus, c'est de voir que je suis presque seul contre tous, en particulier contre ceux de ma génération.

Je suis né dans un monde de fous qui m'a poussé vers la stoïcité. Bref, j'ai grandi dans un monde que j'ai appris à détester avec tant d'amour. On m'a dit que ce monde était à bout. Que ce monde avait besoin de l'action gouvernementale pour faire le bonheur de ces citoyens. Que ce monde serait meilleur sans le pouvoir de l'argent. Que ce monde était une compétition ravageuse. La seule chose que j'ai retenue de ce qu'on m'a inlassablement répété, c'est que ces convictions humaines deviendront un jour réalité. Non pas car elles sont fausses, mais car l'Humanité appliquera un jour des convictions qui découlent de notre Histoire et de notre éternel aveuglement. Le pays qu'est la France perd sa nation par l'avènement d'un nouveau type d'État.

Par principe moral, économique, financier, jamais je n'accepterais de vivre dans un pays qui souhaite réduire le pouvoir de sa propre nation. Alors la France n'est pas pour moi. J'ai peur qu'elle ne le soit jamais. La France supprime graduellement de nombreuses libertés : celles de penser contre la coercition de l'État, d'agir pour son intérêt, de raisonner pour le progrès économique, de simplement vivre libre. Je sais trop combien je donnerais ma vie pour être libre physiquement et moralement. Je n'accepte déjà pas de vivre dans un pays qui restreint les libertés, je ne supporterais jamais de vivre toute ma vie dans un pays qui les supprime.

Plus j'apprends à connaître ce pays qu'est la France, plus je me rends compte qu'il n'est pas le mien. Je me sens si seul dans ce pays d'étatistes et d'anticapitalistes... Il y a de très fortes chances pour que le fait de quitter le pays s'impose comme la seule issue à terme. Mais je ne laisserais pas mon continent, et quitter l'Europe ne m'intéresse pas. Alors je chercherais un pays à mon goût, qui partage ma passion pour la finance. La liste est donc assez réduite : Suisse ? Luxembourg ? Andorre ? Lichtenstein ?... Je laisserai leur malheur à ceux qui le réclament dans mon territoire natal et, pour pallier à ce qu'ils m'ont enlevé, j'utiliserai cette volatilité idéologique dans mon intérêt.

VISION DE PAUL-ARMAND FREZOULS, NÉ EN 2002

Aujourd'hui comme vous le savez, nous venons de traverser une période sombre de notre décennie. L'intérêt de mon propos est de vous donner une vision sous forme d'hypothèse. Je ne suis ni expert, ni homme politique, je suis un lycéen.

Mon propos prendra la forme de trois axes.

Dans un premier temps, je vous ferai part de mes hypothèses sur les changements des évolutions idéologiques et politiques à venir dans les prochaines années.

Dans un deuxième temps je présenterai ma vision du début de ma vie professionnelle ainsi que le contexte politique tel que je l'imagine.

Enfin, je vous ferai part de mes hypothèses pour les 2 à 3 prochaines décennies pour la France.

Commençons par le premier point.

Suite au Coronavirus, Covid19 ou encore SarsCov2, appelez-le comme vous le désirez, l'Europe, les États-Unis et les autres pays de ce monde, se sont rendu compte de l'importance de la Chine. À ce jour, la Chine fait partie des grandes puissances économiques, industrielles et militaires mondiales. Elle se classe 2ème des puissances mondiales au coude-à-coude avec les États-Unis d'Amérique. Il faut prendre aussi en compte que la Chine est un régime totalitaire et qu'elle possède une démographie à croissance exponentielle.

Il ne faut pas se le cacher, sans la Chine nous ne sommes rien, comme nous avons pu le constater durant le confinement. Cela nous mène à nous poser une question : sommes-nous dépendants de la Chine ? Pour répondre à cette question voici un petit constat que tout individu peut faire. Depuis les années 1960, la France s'est désindustrialisée. Nous devons quand même souligner, que selon une étude de la Direction générale du Trésor et de la politique économique (DGTPE), "Entre 1980 et 2007, l'industrie française a perdu 36 % de ses effectifs, soit un total de 1,9 millions d'emplois ou encore 71 000 par an". Les conséquences sont qu'il y a moins d'argent pour chaque foyer fiscal. Donc pour compenser ce manque d'argent l'État s'est mis à dépenser de l'argent. D'après l'OCDE ce n'est pas moins de 31,2 % du PIB dépensé en dépenses sociales et publiques.

Cette question au sujet de la dépendance auprès de la Chine fait réfléchir. Étant en Première Générale et ayant appris durant ma scolarité que la France est la 5ème puissance mondiale, tant au niveau économique que militaire, savoir que le pays n'est pas en capacité de fournir le matériel minimum aux soignants ni protéger sa population en cas de problème non prévu comme le coronavirus, me fait extrêmement peur.

En termes de changement d'idéologie, nous pourrions peut-être voir un changement dans l'opinion publique et chez les politiques. Au lieu de dépendre de pays comme la Chine, nous pourrions recentrer les activités de production au sein du pays.

D'un point de vue purement politique, les prochains gouvernements, qu'ils soient de droite, de gauche, de centre etc…. devraient, sous l'impulsion de l'opinion publique, se tourner vers une politique d'anticipation en cas de nouveau problème majeur (nouveau virus, guerre ou autres).

Dans la seconde partie, nous allons aborder la vision hypothétique que j'ai au sujet du début de ma vie professionnelle. Bien que la Chine a fait beaucoup parler d'elle durant ces dernières semaines, il ne faut pas oublier que le système scolaire chinois n'a fait que s'améliorer durant ces dernières années, jusqu'à toucher l'excellence. Pour illustrer ce propos, nous allons nous appuyer sur un reportage, sur la chaîne Youtube SpicaLife nous présentant le système scolaire sud-coréen. Je me rends compte que le système scolaire français est à l'opposé du système scolaire Sud-coréen. Contrairement à nos « 8 heures » de travail par jour en France, en Corée du Sud c'est l'équivalent de 15 heures par jour. Face à tant de différence, nous risquons, nous étudiants Français, de rencontrer un sérieux problème dans les prochaines années, quand ces jeunes étudiants Sud-coréen, viendront sur les marchés de l'emploi.

Mettez-vous à la place d'un employeur. Votre but est d'avoir des personnes compétentes dans un domaine. D'un côté vous avez un jeune Français ayant fait des études dans une école de Commerce, ayant obtenu son diplôme, un parcours lambda. Puis de l'autre côté, vous avez un jeune Sud-coréen, ayant le même parcours, mais ayant en plus des connaissances que l'autre demandeur d'emploi n'a pas. Le problème que nous rencontrerons est que ces jeunes étudiants, auront de meilleurs emplois que nous, étudiants Français. Pourquoi ? Parce que leur système scolaire est fait d'une telle manière qu'ils ont une meilleure formation que la nôtre. D'un point de vue social, nous avons pu constater, durant la période de confinement que la majorité des étudiants Français, ont suivi des cours à distance. Bien que le début fût laborieux, avec la mise en place de différents canaux de communications avec l'ensemble des professeurs, on peut dire que l'enseignement à distance est peu coûteux, car il n'y a aucun frais de déplacement, qu'il est efficace et peut réunir énormément de personnes. Nous pouvons alors penser que durant les prochaines années, de plus en plus d'universités et d'écoles de l'enseignement supérieur vont accorder plus d'importance pour l'enseignement à distance. En effet, être étudiant peut s'avérer compliqué pour ceux qui ne vivent pas chez leurs parents, entre les cours, les travaux à rendre et les petits boulots en parallèle pour payer le loyer etc.… cela devient d'un point de vue organisationnel et financier un peu compliqué. Devant tous ces points d'aspect plutôt négatif, nous pouvons émettre l'hypothèse que les cours à distance vont devenir de plus en plus importants.

Pour terminer mon propos je vais vous présenter ma vision des 2 à 3 prochaines décennies pour mon pays.

D'un point de vue purement économique, la France est une mauvaise gestionnaire de son argent, mais j'aimerais, faire quelques hypothèses.

Prenons l'exemple de Paris. Chaque matin, plus de 3 millions de travailleurs se retrouvent dans les transports en commun pour aller travailler. Nous pouvons penser que le virus pourrait avoir opéré un changement chez certaines personnes, surtout les personnes de ma génération, car quand nous nous rendons compte de ce qu'est vraiment le travail, on peut le comparer à la « rate race ». Imaginez-vous faire comme vos parents, la course aux meilleurs diplômes, pour le meilleur salaire, dans la meilleure ville. Personnellement, je pense que le système veut cela. Nos parents veulent que nous fassions des études, que nous obtenions un travail dans de grandes et prestigieuses entreprises à Paris pour un salaire de 2.000€ par mois. Mais pour cela il faudrait que nous vivions dans un appartement avec un loyer très élevé, que nous acceptions de dépenser énormément d'argent pour pouvoir au final survivre. De plus, pour avoir une belle réussite professionnelle, nous devons avoir des diplômes de plus en plus coûteux et faire des études de plus en plus longues. Bref, la course au meilleur diplôme. Nous pouvons émettre l'hypothèse, que certaines personnes de notre génération ne feront pas ce choix, par peur de se transmettre un nouveau virus mortel. Nous pouvons alors penser qu'un bon nombre de personnes voudra développer le travail à distance. Effectivement, aujourd'hui avec une connexion internet nous pouvons tout faire : nous connecter à une salle de marché et investir, créer des sites e-commerce et générer beaucoup d'argent et tant de choses encore. On peut même se former en suivant des cours en ligne. Vous pouvez tout faire car l'avenir c'est ça.

Vous allez me dire « Oui mais, Paul-Armand, c'est bien beau ce que tu dis, mais pour faire tout cela, il faut avoir de l'argent ! ». C'est exactement cela : il faut en avoir, je vais alors vous répondre.

Depuis l'apparition du virus, la majorité des personnes ne veut pas prendre de risque, de peur de contaminer les personnes de leur famille. Elles se sont alors rendu compte que grâce à internet elles pouvaient réaliser la même charge de travail. Les gens vont alors vouloir rechercher une meilleure qualité de vie, en quittant les grandes agglomérations pour s'installer dans des villes à taille humaine, ou dans des zones rurales. Quand on compare le prix de l'immobilier dans les grandes villes où il y a toute la concentration des travailleurs et le prix de l'immobilier dans les villes à tailles humaines il n'y a pas photo. Avec la même somme d'argent en province les gens auront une meilleure qualité de vie. Grâce à cet argent économisé de nouvelles entreprises pourront être créées et de nouveaux business pourront voir le jour.

Aujourd'hui avec internet on peut devenir libre financièrement. Prenons l'exemple d'un jeune de 20 ans qui depuis quelques années s'est intéressé aux marchés financiers, au e-commerce ou tout autre type de business requérant une connexion internet. Il peut très bien aller vivre au fin fond de la France et générer de l'argent tant qu'il a une connexion internet.

Nous pouvons penser que les prochaines décennies vont laisser place à un changement dans les mentalités. Certains jeunes voudront peut-être se tourner vers l'entreprenariat et devenir autodidactes et se former à distance, quand d'autres continueront le cursus préétabli.

Le Coronavirus nous aura fait prendre conscience qu'avec une bonne connexion à Internet, le monde est à portée de main.

VISION DE JUSTINE BEZIAN, NÉE EN 2003

Confinement. Avec un grand C s'il vous plaît.

Solitude et cohue coopèrent, au fil des aventures du voisinage devenues soudain captivantes, essentielles. Et puis, c'est comme si on regardait le monde à travers une vitre, un écran de fumée. Tout se floute, on coupe avec rage les différentes chaînes d'informations, qui crient et haranguent cette foule de français pressés juste derrière le téléviseur, buvant que dis-je, engloutissant les paroles des politiques, devenues vérité. La vérité. Et ça s'exclame aux 10 000 morts atteints, ça crie à qui mieux : sur le marché des vivants, on compte les trépassés comme des carottes. Et pourtant. Le pathétique succède au grotesque. Les deux se mélangent, ne forment qu'un tout absurde. Oui. Ainsi ce monde semble absurde. On le croyait aussi solide qu'un roc, à l'image de ces stars américaines immortelles. Les faux-semblants révélés, il ne reste plus qu'un palimpseste de carton, qu'une légère tramontane emporte au loin.

Des « bébés bulle », voilà ce que les hommes du 21ème siècle deviennent, incapables de résister à l'idée même de voir leur vie mise en danger. Bébé et bulle ça sonne doux, c'est beau et tendre à l'oreille. Quelle drôle forme de dégénérescence nous affecte donc ?

Stoppés avec brutalité dans un élan irrésistible, parqués chez nous comme de vulgaires lépreux, la pensée autrefois écrasée par une routine monstrueuse s'éveille. Les émotions décident sans crier gare, de faire des montagnes russes et on se retrouve bientôt devant le fait accompli : l'angoisse du rien. Ce rien, que l'obsession du travail et de la productivité s'efforçait de meubler surgit de nouveau et nous imprègne, nous remplit de son étrangeté. Tant de temps pour nous, pour moi ? Mais que faire ? A force de courir pour d'autres, on se retrouve démuni face à soi-même. Bénédiction ou punition, face à la parenthèse, on hésite. Notre férocité à arranger, planifier, dessiner, le futur s'écroule sous de telles circonstances ; et regarde avec désolation les minutes, les secondes et les heures s'égrener. Et après ? Après la parenthèse, la valse reprendra-t-elle ? Le tristement célèbre « métro-boulot-dodo » nous effraie désormais.

Certains se jetteront avec délice dans la course effrénée à l'efficience pour tenter de retrouver cette capacité à emplir le jour d'innombrables sinécures. D'autres à la découverte furtive du vide, de l'individualité retrouvée, modifieront leurs manières de vivre et d'agir et peut-être de penser. Comment à court terme, mesurer l'impact d'une telle crise à peine nommée, trop vulgarisée et peu analysée ? Que ferons-nous du rituel de 20 heures, ou celui qui n'applaudissait pas était regardé de travers, bravant le nouvel ordre moral installé ? De tous ces moments retrouvés, ou Proust et sa madeleine nous enchanteraient ? Comment penser futur donc lorsque notre fâcheuse habitude était de le dicter, de le brimer, oubliant ainsi l'immédiateté des actes présents ?

Premièrement, l'enfermement de ce confinement vécu par tous pourrait constituer la symbolique d'une réclusion plus profonde, sociétale. Les ressources s'épuisent, très bien. Très bien aussi, la résurgence des crises économiques, la destruction effrénée de l'environnement, qui impactera directement nos modes de vies et celles, si l'optimisme nous autorise à la nommer, de notre descendance. Nous acceptons sagement. Nous agréons à l'infernal présent puisque notre capacité à concevoir, à rechercher un monde nouveau demeure prisonnière d'un certain modèle de civilisation.

Au diable, alors, les rêves d'harmonie piteusement désignés sous le terme « d'utopies irréalisables ». Au diable aussi, les mutations. Irréalisables. Car, au-delà de notre démocratie rongée et manœuvrée par des élites assoiffées de pouvoir, au-delà du capitalisme qui considère l'existence d'un flot illimité de tout ; il n'existe rien. Oui, nous comprenons depuis longtemps que notre politique est en réalité la projection d'une idylle inexistante. Oui, nous expérimentons les limites d'un modèle économique d'hyperconsommation qui court à sa perte en considérant que la terre est infinie, elle qui dans l'univers semble si petite, fragile et limitée. Admettre mais nier. Quelle évidence ! Et alors ? Tant que nous ne sentirons pas la mort rôder autour de chacun de nous, tant que la chute des modèles sociétaux ne nous sera pas projetée en pleine figure, nous ne ferons donc rien ?

Il faut bien admettre que ce que chacun attend avec impatience c'est un « retour à la normale ». Travailler plus longtemps, produire plus pour rattraper ce « retard accumulé ». En somme, il ne restera pas grand-chose de ce que les « effondristes » prennent comme un signe annonciateur de la fin de l'humanité. Nous continuerons à piller, à saccager gaiement, à tuer les autres espèces du règne vivant, à se goinfrer de poulets aux hormones, en niant, bien évidemment, la souffrance animale des élevages en batterie. Bel exercice de double pensée, que nous appliquons naturellement, sans passage par le Ministère de l'amour.

Il existe tout de même, de nombreuses aberrations au sein de la communauté internationale que nous considérons pourtant comme la première des cohérences. Les paroles d'Aurélien Barreau sont particulièrement saisissantes. Selon lui, les économistes ont donné une valeur nulle à tout ce qui n'est pas humain. Suprématie homo-sapienne l'exige. Cela révèle beaucoup sur notre positionnement par rapport au reste du vivant. Nous sommes à part, uniques, irremplaçables. Nous sommes l'intelligence, l'esprit qui gouverne, construit, aménage une terre brutale et sauvage. Qui incriminer pour la construction d'un mode de pensée destructeur ? Les religions monothéistes et leur zèle ethnocentriste ? Les sciences humaines du 19ème siècle et leur manie de classifier, séparer, racer chaque être, oubliant la complémentarité de notre espèce (animale, sacrilège que d'abaisser l'humain au rang de vulgaire créature inconsciente !) avec le reste des écosystèmes vivants. Détruire ce qui n'est pas nous, à notre profit, traduit une attitude de prédation extrême, que l'on retrouve dans nos sociétés, avec un attrait féroce pour toute forme de pouvoir

Intéressons-nous maintenant aux enfants du 21e siècle, ceux nés au commencement, lorsque les années 2000 débordaient d'espoirs et de rêves futurs. Avec une espérance de vie moyenne de 80 ans, ils n'auront, (et moi avec) que très peu de chances d'atteindre l'ère prochaine. Cette certitude de mort dans un intervalle particulier de temps cause irrémédiablement un enfermement tragique, un étouffement. Ils naîtront 21ème, ils mourront 21ème. Jamais leurs yeux n'apercevront la fin de cet infime morceau de temps, et le 22ème siècle restera un songe impénétrable et étranger (à moins évidemment de se porter volontaire pour quelque expérience de cryogénisation scientifique, risques et périls inclus).

L'angoisse qui les enserre est d'autant plus grande, que, cette aire, qui, quelques années plus tôt, était porteuse d'un message de renouveau et de progrès, semble désormais sombrer dans une véritable décadence humaine. Simple date, un deux et trois zéro, mais la volonté d'un départ insolite, neuf et pur, bien vite altéré par les scandales politico-sanitaires, les attentats et la sombre vision du monde que nous offre ce que l'on emploie à tort comme à travers « le réchauffement climatique ».

Ce drôle de 21ème fait donc dans l'histoire, l'objet de toutes les attentions. Prosaïque, me diriez-vous, puisque l'on y vit. Oui, mais pas que. Les chercheurs parlent d'un tournant décisif de l'aventure humaine. Les plus pessimistes, d'un effondrement global menant à la disparition de l'humanité. Les plus optimistes, d'un âge nouveau aux possibilités infinies qui exaucera les désirs les plus fous, en passant de l'immortalité à la transmutation de l'esprit dans le corps d'un autre.

Quels poids, alors, pour celui qui se retrouve presque abandonné sur une terre meurtrie par ses aïeux et leurs petites étourderies nucléaires, avec la tâche ingrate d'abandonner le modèle de vie confortable rondement mené par l'hyperconsommation (qu'on lui a d'ailleurs enseigné) pour en inventer un autre, capable de conserver et secourir les ressources des générations futures qui s'amenuisent à vue d'œil …

Le voyez-vous se dessiner ce petit homme nerveux et inquiet, déjà évincé par l'angoisse d'un avenir plus qu'incertain et se tordant les doigts d'une manière plus que dérangeante pendant que les anciens profitent de leurs orgies alors qu'il est encore temps ?

Quelle place occupera-t-il au sein des mémoires collectives ? Quelle vision la postérité conservera-t-elle de ce petit homme ? Sauveur, ou fossoyeur de l'humanité ? La limite semble si fragile…

Effaré, cherchant un secours inespéré, petit homme ne sait à quel saint se vouer : hurler au désespoir avec les « effondristes » ; nier l'ébranlement de son train-train quotidien et continuer comme si de rien n'était, à courir lâchement à sa perte... On ne sait qui de la fainéantise ou de la peur du changement, transforme ses paroles en actions avortées. L'imbroglio se fait de plus en plus confus. Que vivra donc à la fin, ce petit homme ?

L'influence et l'interventionnisme croissant des politiques, tant au sein de la sphère publique que privée, nous laissent quelques pistes de réflexions. Une peur distincte qui resurgit avec la pandémie mondiale reste particulièrement intéressante : celle de la mort. Si bien dissimulée par une société sécularisée et hypocondriaque, la mort est secrètement défendue. En passant dans l'autre monde, on désobéit à l'archétype de l'homme moderne, toujours en bonne santé, plongé dans une diète culturelle qui lui interdit bien des excès ; et lui permet d'arborer fièrement sa sangle abdominale à la plage, sacrifice, en soi, de toute une vie de plaisirs culinaires.

Vitalité physique contre omerta mortuaire ; sourire de rêve contre crise d'angoisse quotidienne face à l'incapacité de pouvoir communiquer et poser des mots sur le sort qui nous attend tous. Vos interrogations sont en effet interprétées comme un signe de dépression précoce, ou, au mieux, comme une volonté (certes tombée à l'eau) de paraître philosophe.

Pas un mot donc. La vie est belle, longue, presque éternelle, les vieux meurent, nous pas encore ! Mais c'est justement ce manque terrible d'apprivoisement, d'adaptation à l'idée d'une proximité de la mort dans nos vies, qui la rend si violente, si affreuse, si inacceptable.

C'est elle qui pousse des millions voir des milliers de personnes à obéir sagement à un gouvernement quelconque ; leur assurant qu'ils supportent la noble cause de la protection de la vie « chacun d'entre vous est acteur et protecteur de l'autre ». Autrement dit, tenez-vous à deux mètres de belle-maman, enfermez-la chez elle devant les feux de l'amour, faites-lui les courses, sinon, la maladie risque de l'envoyer ad patres un peu plus tôt que prévu (rappelons que la question de la succession est litigeuse…). On présente alors belle-maman, alias mamie Clotilde à la télé, citoyenne respectueuse et terriblement reconnaissante envers cet État providence. On ne dit pas, évidemment, que mamie Clotilde est contaminée depuis 5 jours, et qu'elle est la première à maudire le maire pour la fermeture du club de lecture... C'est mauvais pour la communication politique.

Mais revenons à cette utilisation de la peur de la mort. Imaginez quelques instants, que la fonte du permafrost en arctique (nous passerons sous silence le comportement outrancier de mamie Clotilde en termes d'écologie) provoque, quel malheur, la libération de virus et de bactéries pour le moins originales et datant de Néandertal ; et que les pandémies deviennent monnaie courante. Imaginez aussi un monde dans lequel cette culture de l'épouvante de la mort soit une arme redoutable de manipulation, à même de convaincre les plus sceptiques et permettant aux États de pénétrer les consciences tout en s'assurant l'obéissance de chacun de ses membres. La peur, qu'elle soit fondée ou non, réduit chaque être, faisant ressortir l'instinct de lutte du vivant sur l'inerte, qui demeure, qu'on le veuille ou non, en chacun de nous. Hypersurveillance technologique, et manies hypocondriaques ne seraient pas sans aller dans le sens de cette théorie farfelue. Couplons maintenant ce monde aseptisé et sous contrôle permanent, avec une politique publique de chasse aux bourrelets, ou posséder quelques kilos en trop est le signe irrémissible d'un manque de soin à sa personne, donc de saleté et de morale douteuse ; et se dessine alors l'image d'une société totalitaire et pernicieuse, ou la méfiance est une valeur prônée à l'école (raisons sanitaires obligent) ; ou les corps, peu à peu s'éloignent ; et indéniablement la part de chaleur et de vitalité que l'homme contient.

Mais que faire de l'originalité et du bouillonnement intellectuel des plus jeunes ? Suffira-t-il d'annihiler et de noyer les consciences individuelles dans une réalité plus forte, plus grande, résistante aux virus anthropologiques, faisant parvenir à tous une part d'immortalité à travers un rayonnement collectif ? De nouvelles réalités apparaîtraient, ou le chauvinisme irait, semble-t-il, bon train ; entraînant la formation d'idéologies supérieures à l'existence humaine désormais frêle et incertaine. Pourquoi pas la grande Chine face à la primauté insolente des États-Unis ?

Un mot, tout de même, entrerait directement en conflit avec la volonté de conservation d'un certain ordre actuel par le totalitarisme. L'innovation. L'innovation coûte que coûte, malgré les interdictions répétées, malgré la stigmatisation automatique. Peut-être est-elle le seul moyen de sauvegarder l'intégrité de notre pensée, qui, alors qu'elle n'a jamais possédé autant d'apparentes libertés, se codifie et s'abrutie en des suites de nombres indéchiffrables. Quoi de mieux, alors, que de diffuser un message de curiosité intellectuelle, pour protéger nos acquis et faire de l'avenir une réalité novatrice, notre réalité...

EN CONCLUSION...

L'introduction fut longue, la conclusion sera brève.

La vision que j'ai développée dans cet ouvrage peut sembler pessimiste. J'ai pourtant toujours été réputé pour être assez optimiste. Mais les dernières tendances nous confinent de plus en plus dans un certain nombre d'impasses qui ont été révélées dans cet ouvrage.

Un pessimiste est un optimiste bien informé, dit le proverbe russe. Et être bien informé permet de ne pas être pris au dépourvu par un monde en pleine mutation dont l'avenir n'a jamais paru aussi incertain pour ceux de ma génération.

Les technologies ont été un formidable vecteur de liberté, elles deviennent un formidable vecteur de contrôle social, alors qu'on nous pousse à travailler, consommer, et ne pas réfléchir, ou du moins ne pas penser par soi-même mais penser dans le cadre borné d'un prêt-à-penser dicté par les institutions. Travaille, consomme, et tais-toi !

Les stratégies d'adaptation qui ont été dévoilées dans cet essai tentent de montrer que rien n'est perdu à qui saura s'adapter ! Les visions des jeunes présentées en troisième partie confortent, avec des mots et des clichés différents, ma propre vision. On peut légitimement penser que dans tout ce qui a été écrit, il doit y avoir un peu de vrai !

Mais ne basculons pas non plus dans un excès de pessimisme. L'humanité a toujours su s'adapter ! Et seuls les personnes qui sauront se réinventer peuvent se montrer optimistes.

ANNEXES

Par Jean-David Haddad et Thomas Andrieu

À la lecture de cet ouvrage, vous avez pu constater que l'endettement est au cœur de la problématique d'hier et demain. Dette très importante dans le monde d'avant, devenant insoutenable dans le monde d'après. La crise sanitaire fait baisser le PIB et augmenter l'endettement... Du coup, le ratio Dette/PIB passe d'un petit 100 % à environ 120 %. Cela change tout.

Le monde d'avant était un monde d'endettement, le monde d'après un monde de surendettement. Sauf jubilé des dettes, qui déplacera le problème de quelques années.

Il m'a paru nécessaire de placer ici quelques annexes pour expliquer les mécanismes par lesquels le surendettement, tel que nous allons le connaître, conduit quasi inéluctablement à une crise économique et forcément aussi sociopolitique.

ANNEXE 1
Surendettement et pyramide de Ponzi

Le surendettement d'un état constitue un problème inévitable à terme, qui peut se différer en différents niveaux d'intensité.

En effet, plus une crise sera violente, plus sa « trappe à liquidités sera importante ». En d'autres termes, **plus un système est insolvable**, et **plus il dépend du crédit**, plus l'intensité de la crise sera importante. Quand un agent est en défaut, il se produit un « trou de liquidités ». Ce trou de liquidités se transforme alors en une crise qui progresse jusqu'à ce que les agents arrivent à encaisser les pertes provoquées par le premier et les défauts suivants qui en découlent. Pour comprendre l'importance de la problématique que représentent l'endettement et le surendettement, on peut mettre en avant l'étude du célèbre économiste Hyman Minsky (1919-1996) :

Le cycle de Minsky

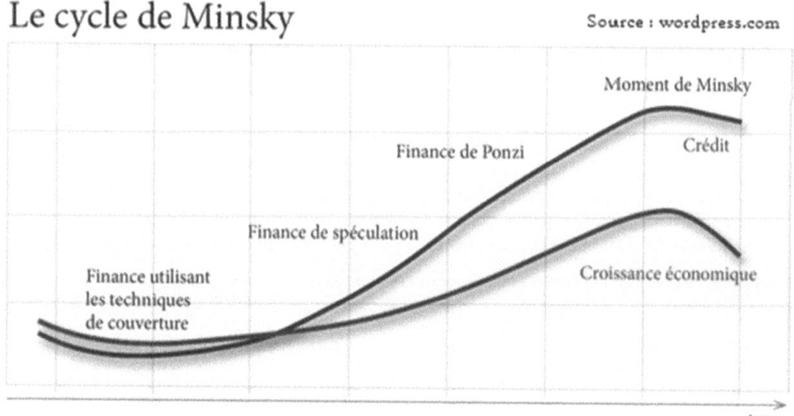

Graphique disponible sur :
https://olivierdemeulenaere.wordpress.com, 2014

La Théorie d'Hyman Minsky se résume par sa célèbre phrase : « *la stabilité entraine l'instabilité…* »

Quand l'économie prospère, le crédit ne peut que suivre. La confiance s'installe donc en proportion, et les agents au sens large ferment plus facilement les yeux quant à la dette. Le système s'engage alors dans la spéculation, celle d'un crédit qui sert à produire perpétuellement plus. Ensuite, arrivé à un certain niveau d'endettement, le système (en particulier financier), commence à « faire du crédit pour rembourser du crédit ». En clair, la confiance arrive à un tel niveau que les agents ne cherchent même plus la sécurité, préférant le profit. L'économie dépend alors largement du crédit. C'est notre cas aujourd'hui.

On parle aussi de Finance de Ponzi pour désigner ce système, en référence à l'escroc Italien Charles Ponzi, tristement connu pour son schéma d'escroquerie.

Si cette finance de Ponzi est d'une telle ampleur, on peut même parler, sous certaines mesures, d'économie de Ponzi.

Le système arrive alors au fameux « moment Minsky », quand les agents sont surendettés et sont contraints de vendre pour faire face au manque de liquidités. La crise débute alors. Cela engendre donc une contraction des dettes, qui peut se transformer en récession voire en dépression. Ce niveau d'intensité dépend donc de la dépendance du système économique envers le crédit (la dette).

En définitive, les crises des dettes sont la manifestation évidente du cœur de la problématique de l'endettement et surtout du surendettement. La problématique que constituent l'endettement et le surendettement dépend simplement de la dépendance du système envers le crédit. La crise peut donc engendrer une simple légère correction du crédit (conséquence d'une finance de spéculation), mais aussi entraîner le système jusqu'à la Dépression économique violente (économie de Ponzi).

De nombreux économistes (Olivier Delamarche, Ray Dalio, Harry Dent...), soutiennent que le « moment Minsky » de 2008 n'a pas été achevé et qu'il a été amplifié pour la prochaine crise à venir. En plus d'être un frein au développement actuel, il constitue donc un frein au développement dans l'avenir.

On peut mettre en avant le fait que, d'après Bloomberg, une large majorité des économistes anticipaient une récession pour 2020-2021. Récession qui ne peut que paradoxalement faire augmenter ce frein au développement. Simplement car le crédit se contracte, sauf interventions centrales.

Ainsi, les marchés financiers sont devenus dépendants des injections de liquidités des banques centrales (politiques de QE, QT, hélicoptère drop...). On peut l'assimiler à la finance de Ponzi de l'économiste Minsky.

Au-delà de la finance, l'économie sous certains aspects, est aussi sous un schéma de Ponzi. Les États par exemple, ne pourraient pas soutenir la stabilité du pays sans crédits qui permettent de rembourser les créances précédentes. En 2019, l'État français a par exemple émis pour près de 240 milliards d'euros d'obligations alors que le gouvernement fédéral américain a quant à lui émis 1 200 milliards d'obligations. De même l'État Italien a émis l'équivalent de 14 % du PIB Italien en dettes publiques en 2019.

ANNEXE 2
La dette : du rêve au cauchemar d'une nation

Il est économiquement admis que l'endettement est un risque nécessaire au développement. La dette offre une opportunité extraordinaire aux peuples d'accroître leur PIB et donc d'accroître leur niveau de vie, de se projeter vers l'avenir... Mais elle devient un danger quand le débiteur ne maîtrise plus son endettement.

En d'autres termes, la dette est comme un effet de levier au développement (des entreprises, des ménages...). Mais quand cet endettement, voire ce surendettement, vit sur lui-même, l'effet de levier est ralenti. Le ralentissement de « l'effet de levier au développement », s'explique par le fait que plus il faut contracter du crédit pour réaliser du crédit, moins l'endettement est efficace au développement. C'est ainsi qu'un important niveau d'endettement ralentit les résultats et le développement (baisse de la croissance...). Ralentissement de la croissance qui augmente le poids des dettes et ainsi de suite...

Nous pouvons donc faire le parallèle avec le ralentissement graduel de la croissance depuis la fin des Trente Glorieuses, parallèle à la hausse du niveau d'endettement.

Pour le secteur public par exemple, comme nous pouvons l'observer sur le graphique ci-dessous, les dépenses dédiées à l'amortissement de la dette en 2019 représentent 1/3 des dépenses totales (130 milliards d'euros), soit 3,7 fois le budget de l'armée ou 13 fois le budget de la Justice le tout en sachant que le déficit est inférieur au service de la dette.

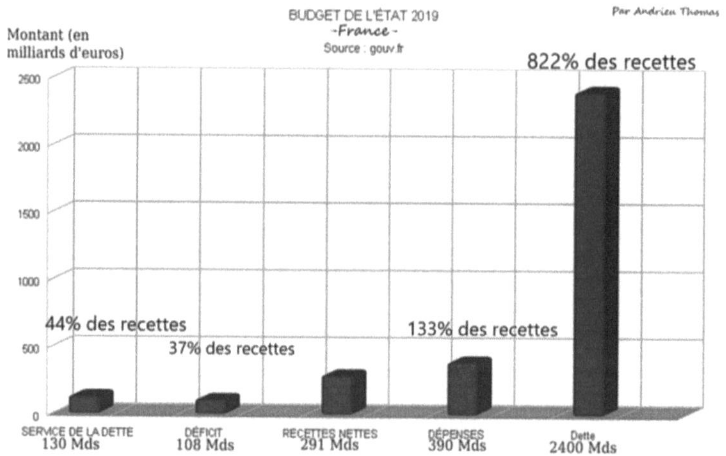

Graphique tiré du livre « 2021, Prémices de l'effondrement »

Une telle augmentation de la dette, et donc de la pression qui pèse sur un pays, conduit à favoriser une politique d'austérité, quand la croissance n'est plus au rendez-vous.

Les dépenses des services publics sont alors graduellement réduites. Elles sont passées de 57 % du PIB en 2016 à 52 % dans le budget 2020.

La crise sanitaire a mis au grand jour la réduction des dépenses publiques des dernières années, en particulier en ce qui concerne l'Hôpital. La France est loin d'avoir montré le visage du meilleur système de santé au monde.

ANNEXE 3
La dette : de l'émancipation individuelle au drame collectif

L'endettement et le surendettement ont un fort impact au niveau social, quand cette dette est celle d'un ménage. L'endettement et le surendettement des ménages sont souvent considérés comme un fléau de notre société. Un poids des dettes trop important favorisant la pauvreté et la précarité.

Les évolutions économiques nous ont poussés vers une société de consommation de masse.

Les influences sociales, celles des groupes sociaux d'appartenance ou de référence, les influences de la publicité, des médias, ainsi que familiales, peuvent conduire certains individus vers des situations irrationnelles, où ils dépensent plus qu'ils ne gagnent. Ce qui est permis avec tous les systèmes de crédit revolving, entre autres.

Les conséquences de l'endettement et du surendettement des particuliers conduisent dans un premier temps à un sentiment de toute-puissance, de richesse, mais très rapidement à une perte d'estime de soi (sentiment d'échec et d'inégalité), une perte de reconnaissance de ses droits (généralement le déni), une crainte permanente (perte d'emploi, appels et courriers), une autoculpabilisation, des difficultés de santé (revenus qui poussent vers une mauvaise alimentation, absence de loisirs et détournement vers les substances illicites du fait de l'isolement).

Bien que le nombre de dossiers de surendettement soumis aux commissions soit en diminution pour l'exemple de la France (de 220 000 en 2015 à 180 000 en 2017, principalement expliqué par la croissance économique), les procédures de rétablissement personnel représentent pourtant une part croissante. Part qui passe de 19 % en 2007 à presque 45 % en 2017.

La procédure de rétablissement personnel permet l'effacement des dettes d'une personne surendettée dont la situation financière est tellement dégradée qu'aucune mesure de traitement (plan de redressement ou mesures imposées) n'est envisageable (source service-public.fr).

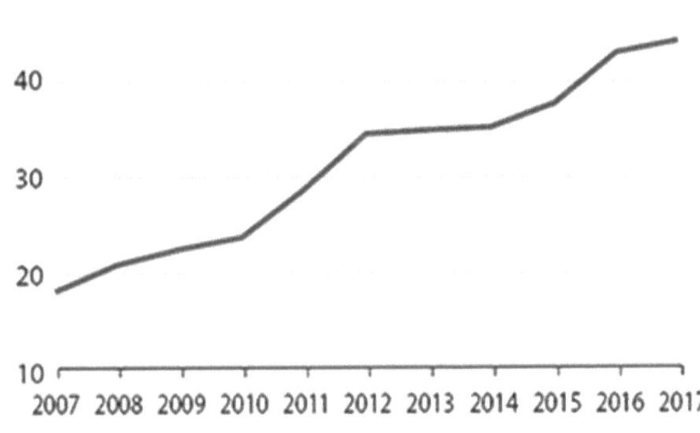

Source : Banque de France.

Graphique disponible sur :
https://particuliers.banque-france.fr 2019

Un graphique qui montre que les pouvoirs publics tentent de lutter contre le problème des dettes des particuliers.

La loi Lagarde de 2010 par exemple, entrée en vigueur en mai 2011, a pour objectif de permettre aux ménages de « rebondir ». Cette loi consiste principalement à réduire les plans de rétablissement personnel de 10 à 8 ans. De plus, grâce à cette loi, l'inscription au *fichier national des incidents de remboursement des crédits aux particuliers* (FICP), ne dure plus que 5 ans, contre

8 à 10 ans précédemment. Cette loi interdit également aux banques de fermer le compte des clients en situation de surendettement.

Mais au-delà des problèmes au niveau individuel, il y a un problème bien plus global, dont l'impact est social, mais aussi politique. L'endettement et le surendettement sont en lien direct avec les mouvements sociaux, et en conséquence, politiques. Dans l'Histoire, les plus grands changements se produisent généralement à travers une crise des dettes. Si l'on s'éloigne brièvement de notre société, même depuis l'antiquité, nous pouvons citer la crise de la dette de la République Romaine qui a largement participé à l'émergence de Gaius Julius Caesar (-100 à -44), et provoqué la transition progressive de la République à l'Empire. De même, nous pouvons citer l'exemple de la Révolution française, où la dette royale a mis le feu aux poudres. Ce qui a permis l'émergence de nouvelles aspirations politiques (République, directoire, consulat, empire...). Plus récemment, la Grèce a vu émerger des mouvements sociaux très violents à partir de 2010 à l'instar du « mouvement des citoyens indignés ».

En définitive, une crise des dettes, qui marque souvent un retournement économique, amplifie les pertes, la contraction, les faillites d'entreprises, la pauvreté... En clair, une crise de l'endettement et du surendettement met sous tension l'ensemble des agents économiques du

territoire en question. Émergent ainsi des oppositions politiques et parfois même des revirements
idéologiques profonds. L'impact social dépasse
donc de loin les particuliers dans le cas d'une crise
violente de l'endettement et du surendettement.

TABLE DES MATIÈRES

Suivez **JDH Éditions** sur les réseaux sociaux
pour en savoir plus sur les auteurs, les nouveautés, les
projets…

Inscrivez-vous à notre Newsletter sur
www.jdheditions.fr
Pour recevoir l'actualité de nos nouvelles parutions

Retrouvez Jean-David Haddad et Thomas Andrieu régulièrement pour des articles économiques, ainsi que des prévisions économiques disponibles sur abonnement sur le site « Les pros de l'éco » :

www.lesprosdeleco.com

Articles, interviews, vidéos, émission TV : le site internet vient en appui de la collection de livres économiques du même nom.

Retrouvez les prévisions boursières de Jean-David Haddad sur FranceBourse :

www.francebourse.com

L'actualité boursière décortiquée, les entreprises de demain, à dénicher avant tout le monde...